Rituale in der Trauer

Ellert & Richter Verlag

Rituale in der Trauer

Christa Pauls
Uwe Sanneck
Anja Wiese

Vorwort

Sie sprechen eine behutsame Sprache in diesem Buch, und eine genaue dazu. Geboren aus dem Geist, sich führen zu lassen von denen, die sie begleiten und denen sie Raum geben: In der Bad Segeberger Akademie ist in den vergangenen Jahren etwas Besonderes entstanden. Es läßt sich mit dem Wort „Trauerarbeit“ oder „Ritual“ allein nicht umschreiben. Trauerarbeit klingt zu nüchtern angestrengt, und Ritual hört sich modisch an. Was in diesem Buch beschrieben ist, kann man als ein fast tollkühn zu nennendes Unternehmen ansehen. Man begibt sich gemeinsam auf einen, symbolischen und realen, Weg mit jenen, die keinen Weg mehr sehen auf dieser Erde, die verletzt sind, amputiert, verlassen und ohne Perspektive.

Dass aber gerade diese Trauernden selber unendlich geben in ihrem So-sein und ihrem oft ratlosen Sich-zurecht-finden-müssen, das spürt man an der Resonanz, die die beiden Autorinnen und der Autor nach vielen Erfahrungen hier auf diesen Seiten geben.

Und noch einmal zu ihrer Sprache: Sie ist geprägt von Verwunderung über die Wege, die Autor und Autorinnen zuteil geworden sind, von Kindern zumal und von Erwachsenen.

Sie ist gefärbt von Dankbarkeit für die zuvor nicht gesehenen, geschweige denn gewagten „Wendungen“ des Lebens.

Sie strahlt einen großen Ernst aus in ihrer sorgfältigen Mitteilung. So kann man miterleben, wie ein geradezu wundersamer Weg führt von der ersten Inspiration (Das Sehen eines überdimensionalen Stuhls auf einem Möbelhaus), über die Erinnerung eines Jugendlichen („Ich sitze seit dem Tod meines Bruders zwischen allen Stühlen”) hin zum endgültig gestalteten Ritual.

Für diese Wahrnehmung, Gestaltung und Beschreibung braucht es jenen Anfängergeist, dem zu folgen für so genannte Professionelle unüberwindbar schwierig ist. Es braucht aber auch jene humorvolle Neugier und gegenseitige Achtung, was gemeinsam wahrgenommen und gestaltet werden will.

Schließlich vergessen die Autoren nicht, ihr Tun und (mehr noch) ihr Lassen anzuschauen, zu überdenken und eben auch anderen zur Mitwahrnehmung vorzulegen. Darum veröffentlichen sie dies Buch in einem Feld, das nur schwer Öffentlichkeit, schon gar nicht eine voyeuristische, verträgt. Eher braucht man „Zeugen“ als Leserinnen und Leser. Und so ist dies Buch, um es altdeutsch zu sagen, fast so etwas geworden wie ein „Zeugnis“, ein wahrhaftiges Einstehen für kaum Sagbares, aber Notwendendes.

Deshalb werden Leserinnen und Leser selber zu beteiligten Zeugen. Sie werden an manchen Stellen ihre Tränen oder (manchmal) auch ihr Lachen nicht unterdrücken müssen. Und vor allem werden sie eines bekommen: Jenen Respekt vor denen, die dies Leben annehmen, es tragen, gestalten und einander leichter zu machen versuchen, trotz oder weil sie seine Verletzbarkeit und Kostbarkeit zu schätzen wissen.

Wolfgang Teichert

Einführung

„Wenn wir sterben, bleibt die Schale auf der Erde liegen. Der Rest verreist."
(Lars, 6 Jahre)

Für diese Reise zwischen Himmel und Erde, vom Diesseits ins Jenseits, von einer in die andere Welt, und für diejenigen, die zurückbleiben, haben wir Menschen seit jeher Rituale als Begleiter.

In unserer Kultur hatten Rituale über einen langen Zeitraum ihre Bedeutung verloren. Seit einigen Jahren erfahren sie jedoch eine wahre Renaissance. Menschen unterschiedlichster Fachrichtungen beschäftigen sich mit diesem Thema.

Was bewegte uns Autoren, dieses Buch, „Rituale in der Trauer", zu schreiben? Es war nicht unbedingt der Zeitgeist, der den Anstoß gab, es waren vielmehr die zahlreichen Nachfragen und Wünsche der Teilnehmer unserer Seminare, auf die wir mit dem Buch eine Antwort geben.

Die Autoren gehören einem Team von Trauerbegleitern an, die seit vielen Jahren Trauerseminare in Bad Segeberg durchführen.

Diesen Seminaren ist über die Jahre eine Form der Ritualarbeit erwachsen, die in ihrer Gestalt einzigartig ist. Sie wird von einem Team getragen, das durch besondere Kräfte auf eine wunderbare Weise verbunden ist: An erster Stelle steht die Liebe zur Arbeit mit den Trauernden und die Haltung, dass sie der Mittelpunkt sind und bestimmen, wo der Weg langgeht – von ihnen lernen wir!

„Gesegnet sind die Trauernden, denn die Erde braucht sie", beschreibt Wolfgang Teichert unsere Haltung. Trauernde leben mit ihrem Schmerz, mit ihrer Verzweiflung, mit ihrer Erfahrung: *„Nichts ist mehr so, wie es war"* in einer Seelentiefe, zu der den meisten Menschen in ihrem Alltag der Weg versperrt scheint.

Das Vertrauen, das Miteinander-Vertraut-Sein und das Sich-Trauen der Gruppenleiter schafft im Team eine Atmosphäre des Getragen-Seins und der Ermutigung, auch außergewöhnliche Wege zu gehen.

Letztlich haben die fachliche Kompetenz der einzelnen Teamer und ihre jahrelange Erfahrung in der Trauerbegleitung ebenfalls ihre besondere Bedeutung bei der Gestaltung der Ritualarbeit.

Bad Segeberg - Blick auf den See

Wenn ein Geschwisterkind seine Eltern nach einem Abschlussritual fragt: „Wann fahren wir wieder nach **Gott Segeberg**?“ beschreibt das den besonderen „Geist“, der unsere Arbeit begleitet.

Als wir vor Jahren mit der Ritualarbeit der Trauerseminare in Bad Segeberg begannen, stellten wir fest, dass viele traditionelle Rituale die Menschen innerlich kaum noch erreichten: Sie wirkten allzuoft wie sinnentleerte Verhaltenskonserven, deren Inhalte irgendwie und irgendwo verloren gegangen waren.

Wir konnten die alten Rituale nicht einfach übernehmen, sondern waren aufgefordert, neue zu entwickeln und zu gestalten, von denen viele in diesem Buch beschrieben werden. Wer nun allerdings erwartet, ein „Trauerritual-Rezept-Buch“ vorzufinden in dem Sinne: „Zu diesem Anlass nehme man jenes Ritual“, wird sicherlich enttäuscht sein. Diese Herangehensweise würde dem besonderen, überaus vielschichtigen Wesen des Rituals und der Einzigartigkeit jeden Trauerweges auch in keiner Weise gerecht werden – Wesen verstanden in seiner eigentlichen Wortbedeutung: *„Dem inneren Sein nach“* (Mackensen).

Wir laden vielmehr den Leser ein, sich mit uns auf eine Reise zu begeben, die in das Zentrum eines Labyrinths führt und wieder hinaus: Die vielen unterschiedlichen Facetten und Dimensionen jenes Phänomens zu erkunden, das sich „Ritual“ nennt. Das Durchschreiten eines Labyrinths selbst ist ein kraftvolles Ritual (in früheren Zeiten ausschließlich Auserwählten – Helden, Priestern, Königen – vorbehalten), und anders als der Irrgarten führt es nicht in die Irre, sondern zu tiefer Einsicht.

Wir wollen zeigen, dass Rituale die immanente Fähigkeit besitzen, in Resonanz mit jener Seelentiefe zu gehen, in der Trauernde sich wiederfinden.

Wir möchten ausdrücklich darauf hinweisen, dass die beschriebenen Rituale zwar in und für Trauergruppen entwickelt wurden, sich viele Elemente aber für den Trauerweg des Einzelnen übernehmen lassen.

Christa Pauls
Uwe Sanneck
Anja Wiese

Und meine Seele spannte weit ihre Flügel aus...

Eine ganzheitliche Sicht der Rituale

Wenn die Seele ihre Flügel ausspannt, begibt sie sich auf eine weite Reise...

Immer mehr Menschen zeigen Interesse an den Weisheitstraditionen des Ostens wie Hinduismus, Buddhismus oder Sufismus und an den Überlieferungen der Mystiker des Westens wie zum Beispiel Meister Eckehards oder Hildegard von Bingens. Auch Schamanismus und die Rituale der Stammesgemeinschaften wie die der Aborigines, Hopis oder Tuareg werden entdeckt.

Diese Strömung des Zeitgeistes erscheint wie eine große Flutwelle, die über jenes Land hereinbrach, das viele Jahrzehnte beherrscht war von einer materialistischen und rationalistischen Sicht der Welt.

Mit dieser Strömung einher geht auch die Wiedergeburt der Rituale. Sie hatten mit dem Beginn der Aufklärung und der Entthronung des Klerus – der sich bis dahin für die Bestimmung der Weltsicht als einzig zuständige Macht definierte – an Bedeutung verloren.

Als Arnold van Gennep 1905 sein Grundlagenwerk über Rituale schrieb, wurde es lange Zeit danach gar nicht zur Kenntnis genommen. Heute wäre es ein Fauxpas, über Rituale zu schreiben und ihn unerwähnt zu lassen. Mit der Aufklärung entfalteten sich Materialismus, Rationalismus und Empirismus als gestaltende und treibenden Kräfte in unserer westlichen Kultur.

Mit den sich entwickelnden Naturwissenschaften begann eine Sezierung und Zerstükkelung der Welt in ihre Einzelteile bis hin zum Atom mit seinen Bestandteilen – die Erforschung des kleinsten existierenden Materieteilchens ist noch lange nicht abgeschlossen. Inzwischen liegt eine wahre Sintflut von Wissen der verschiedensten Einzeldisziplinen der Wissenschaften vor uns, die jede für sich eine Wahrheit über die Wirklichkeit auszusagen beanspruchen.

In dieser ganzen Be-weg-ung hat aber die Religion überlebt – zeitweise schien sie fast in den Status einer „Untergrundbewegung" gedrängt zu werden – und mit ihr die dem Menschen eigene Frage nach dem SINN, der Sehnsucht nach Ganzheit oder auch dem Heil-sein, dem Heil-igen.

Hier eine Verbindung herzustellen zwischen den vielen Wahrheiten über die „Einzelteile“ oder Erscheinungsformen der Wirklichkeit und dem Ganzen – zwischen Wissenschaft und Weisheit – haben sich verschiedene herausragende Menschen zur Aufgabe gemacht wie Renée Weber in ihrem Buch „Wissenschaftler und Weise“ beschreibt. Einer von ihnen, Ken Wilber, hat uns mit seiner Arbeit einen roten Faden angeboten, der Wissen und Weisheit in einer Gesamtschau der Welt vereint.

Das Grundlegende, worauf Wilber uns hinweist, ist das Prinzip „sowohl als auch“:

Sowohl Ost wie West, sowohl Wissenschaft wie Religion, sowohl Empirismus wie Hermeneutik, sowohl Materialismus wie auch Idealismus.

Allerdings meint er das nicht im Sinne eines Eintopfes, sondern im Sinne eines Mehrere-Gänge-Menüs, bei dem die Hauptspeise keinen Sinn macht ohne die Vorspeise und die Nachspeise keinen ohne Hauptspeise. Ken Wilber ist es gelungen, uns eine wunderbare Landkarte der Orientierung in dem Dschungel der heutigen Wissenschaften in der Verbindung mit der überlieferten Weisheit zu geben: Die Wirklichkeit zeigt sich uns in den vier Dimensionen – innen und außen – und – individuell und kollektiv; sie zusammen bilden ein Koordinatensystem mit vier Rechtecken.

innen-individuell	außen-individuell
kollektiv-innen	kollektiv-außen

Von den Erkenntnissen der westlichen Mystiker und östlichen Weisen mit ihrer Schau der All-Einheit über die Psychoanalyse und die Systemtheorie bis hin zu den Erkenntnissen der Teilchenphysik mit der Erforschung des Allerkleinsten der Materie finden alle Platz in dieser „Landkarte".

Wenn die Seele ihre Flügel ausspannt und wir bereit sind, uns zu öffnen für alle Erkenntnis und alle Erfahrung, die das Leben bereithält von der Geburt bis zum Tode und darüber hinaus, wenn wir nichts ausgrenzen und ausschließen, werden wir mit einem Ein-Blick beschenkt in das Wunder der Schöpfung, der wir im doppelten Sinne angehören als Geschöpf und als schöpferisches Wesen.

Diese integrale Sichtweise ist der Tenor, der die Autoren dieses Buches verbindet; Körper, Seele und Geist als die große Kette des Seins zu respektieren ist der Resonanzboden, aus dem heraus unsere Arbeit mit Ritualen erwächst.

Verfolgen wir die Spuren der Rituale von unserer Gegenwart aus zurück, so reichen sie über das Mittelalter und die Geburt des Christentums hinweg in eine ferne Vergangenheit.

Das Wort Ritual selbst weist uns seinen Ursprung: „Rta“ entstammt dem Indogermanischen und bedeutet „Wahrheit“ – „Rita“ ist ein Sanskrit-Wort und drückt das „Kosmische Weltgesetz“ aus.

Hier schließt sich der Kreis: Rituale begleiten uns Menschen durch unsere gesamte Kulturgeschichte. Auch wenn sie eine gewisse Zeit lang in unserer Menschheitsgeschichte in den Hintergrund gerieten, so gehören sie doch offenbar zu unserem „genetischen“ Erbe.

Was ist so Außergewöhnliches an den Ritualen, dass wir Menschen immer wieder auf sie zurückgreifen?

Vielleicht liegt der Schlüssel in der besonderen Struktur unserer Seele: C. G. Jung machte uns darauf aufmerksam, dass wir Menschen nicht in der Lage seien, unsere seelische Energie unmittelbar als solche zu erfahren, sondern nur mittelbar und geformt als inneres Bild, Gefühl oder Empfindung. Das Ritual bietet sich hierbei als Gefährt an, diese inneren Bilder der Seele, unsere Gefühle und Empfindungen in das Erleben zu transportieren und damit die seelische Energie er-fahrbar zu machen.

In und mit dem Ritual schaffen wir Verbindungen: innen & außen, indem dem Innerseelischen Ausdruck verliehen wird und individuell & kollektiv, indem der einzelne Mensch Gemeinschaft erfährt und sich als zugehörig erlebt.

Das Ritual ist das Gefährt, das uns zu unserer inneren Wahrheit führt und der unserer Mitmenschen, und es ebnet uns den Weg, uns als Seiende in einem umfassenden Da-Sein zu erfahren.

Der große Wagen am Himmel und auf der Erde

Ein Ritual entwickelt und entfaltet sich

„*Wagen und Wagenlenker trennen sich*“, wenn wir sterben.

Die Seele begibt sich ohne Wagen auf die Reise. Sie muss eine andere Rolle einnehmen. Im „Tibetanischen Totenbuch“ wird sie durch genaue Anweisungen unterstützt und angeleitet ihren Weg zu finden zum göttlichen Licht, um in die All-Einheit einzugehen.

Das Sternbild „Der große Wagen“ galt unseren Vorfahren – Seefahrern, Reisenden – in der Nacht als Orientierung. Und auch heutzutage finden wir durch ihn – indem wir die hintere Achse um das Fünffache verlängern – den Polarstern und wissen, dass dort Norden liegt. Wir haben uns einge-„nordet“. Wir wissen, welche Richtung wir einschlagen können, unser Standpunkt wird sicher.

Sterne halfen und helfen uns mit ihrem Licht einen sicheren Weg in der Dunkelheit der Nacht gehen zu können. In der Trauerbegleitung spielt das Licht ebenfalls eine bedeutende Rolle, sich zurechtzufinden, das Dunkel zu erhellen, Wärme zu schenken.

Mit dem einfachen Ritual, einem Anzünden des Lichtes einer Kerze als Symbol für die Beziehung zu dem geliebten Menschen, der gestorben ist, gebe ich meiner Seele einen Ort außerhalb meiner selbst, ich schaffe eine sichtbare Verbindung, etwas dehnt sich aus, etwas strahlt aus meinem Innern heraus und mit dem Lichtstrahl zu mir zurück.

Wenn in einer Gruppe Trauernder sich zu Beginn jeder in einem Anfangsritual vorstellt, sich *traut,* den anderen seinen Namen zu sagen, woher er kommt, mit wem er hier ist, wen er schon kennt, werden alle in einem ersten Schritt miteinander *vertraut.*

Es hat sich ein erster Kreis derjenigen gestaltet, die hier sind; es hat sich die äußere Hülle eines Körpers gebildet, des „Gruppenkörpers", der sich immer mehr ausdifferenzieren und der sich entwickeln wird mit jeder neuen Begegnung; Faden um Faden wird gesponnen werden und eine Spule gewickelt, die den Grundstock für etwas Neues sein kann, ein Gewebe, etwas Bleibendes.

Wenn in einem weiteren Schritt jeder ein Licht als Symbol für seine Beziehung zu dem verstorbenen Menschen entzündet und diesem Licht einen Platz in der Kreismitte gibt,

Ein bedeutendes Ritual in den Trauerseminaren ist das Entzünden eines Lichtes für jeden Verstorbenen.

wird seine innere – für andere unsichtbare – Verbindung sichtbar.

Es formt sich ein „innerer" Kreis, ein Lichtkreis, der etwas Heil-iges ausstrahlt.

Jeder, der an diesem Ritual schon einmal teilhaben durfte, wird das bestätigen.

Die Atmosphäre des Raumes ist erfüllt von dem Licht und von jener ganz besonderen seelischen Schwingung, wie sie nur die Liebe erzeugen kann, die wir tief in unserem Herzen empfinden.

Sich dieser Stimmung hinzugeben, in einem Moment gemeinsamer Stille inne-zuhalten, schafft eine sehr tiefe Verbindung aller anwesenden Herzen und lädt die Stimmen der Verstorbenen ein zu singen. *„Wenn die Toten sich ausruhen vom Tod sein, dann stehen sie auf und singen"* verkündet eine *„alte und weise Trauerbegleitung"*, auf die Wolfgang Teichert uns aufmerksam machte. Während in vielen anderen Kulturen die Präsenz der Ahnen so selbstverständlich ist wie die tägliche Nahrung, tun wir uns in unserer abendländischen Kultur heutzutage eher schwer mit ihnen. Für Trauernde ist das Jenseits mit dem Tod des geliebten Menschen so nahe gerückt, dass für sie die Worte Thornton Wilders Realität sind:

„Da ist ein Land der Lebenden und da ist ein Land der Toten.
Die Brücke zwischen ihnen ist die Liebe, das Einzig-Bleibende, der einzige Sinn.“

Diese Erfahrung mit anderen in der Gruppe teilen zu können, ist wohltuend und heilsam.

Dass im Erzählen selbst „heilende Kraft“ liegt, hat Anja Wiese in ihrem Buch: „Um Kinder trauern“ beschrieben.

Doch in der Gruppe von sich zu erzählen, sein Inneres zu (ver)äußern, fällt gerade Trauernden oft schwer: es gibt da die Angst, vom seelischen Schmerz überwältigt und von den Gefühlen so ergriffen zu werden, dass die Worte in Tränen ertrinken, die Befürchtung, mit dem eigenen Beitrag den anderen Raum zu nehmen oder die Befürchtung, nicht genügend Gehör zu finden.

Ein Ritual, in dem auch das Licht eine führende Rolle übernimmt, hat sich hier als hilfreich bewährt: Ein kleines rundes Messinggefäß, dessen Wandung Sternenmotive enthält, die so herausgearbeitet wurden, dass die Lichtstrahlen des Teelichtes aus seinem Inneren herausleuchten, kreist in der Gruppe. Dieses „Sternengefäß“ in den Händen wärmt und

Mit den Ritualen entsteht in der Gruppe Kreis um Kreis ein eigener kleiner Kosmos.

gibt Halt demjenigen, der es hält. Es macht Geben und Nehmen sicht- und fühlbar. Es zeigt, wer an der Reihe ist zu sprechen und gibt dem Einzelnen und der Gruppe ihre Rollen. Es regt den Prozess des Austausches an und schafft Struktur. Jeder behält es solange in seinen Händen bis das zu Sagende gesagt ist, bis das zu (Ver)äußernde geäußert wurde.

Und wenn auch dieser Kreis geschlossen ist, findet der Sternenleuchter seinen festen Platz in der Gruppenmitte. So entsteht mit Hilfe der Rituale im Prozess der Gruppenbildung und in der Gestalt(ung) der Gruppe Kreis um Kreis ein eigener kleiner Kosmos.

Wenn du bei Nacht die Sterne anschaust...

Mit Trauernden auf den Spuren des Kleinen Prinzen

Der Kleine Prinz ist als Begleiter von Trauernden ein Hoffnungsentwickler für die Herzen und Seelen von Menschen, die mit dem Verlust eines geliebten Angehörigen leben müssen. Oft erzählen uns Trauernde, die wir begleiten, dass der Kleine Prinz in ihrem Leid, den Tränen und der Hoffnungslosigkeit ein unersetzlicher und trostreicher Begleiter wurde. Besonders trauernde Eltern und Geschwisterkinder haben davon erzählt.

Was bewegt, was berührt diese Figur bei den Trauernden? Was entfaltet sie in den Herzen der Menschen?

Wodurch tröstet und heilt der Kleine Prinz die zutiefst verletzten Seelen?

Wir wollen versuchen, uns dieser wunderbaren Figur anzunähern und sie zu entfalten, um eine Erklärung für dieses Phänomen zu entdecken.

Der Lebensmittelpunkt des Kleinen Prinzen sind die Planeten, die Sterne, die Pflanzen, die Tiere und der Mensch in all der Vielfalt wie sie schon in der Schöpfungsgeschichte geschrieben steht. Eine unendliche Lebensgeschichte von Fragen voller Geist und sinngebenden Antworten, die unser Leben ständig begleiten auf der Suche nach dem eigenen Ich und dem ewigen Heil. Der Mensch in seinem Lebensrhythmus, in seinem Lebenszyklus, geprägt durch seinen ureigensten Lebensentwurf, entwickelt immer wieder tiefe Sehnsucht nach dem Sinn des Lebens – besonders in tiefen Leiderfahrungen und an den Schnittpunkten des Daseins.

In allen Höhen und Tiefen des Menschseins sind wir Suchende und Reisende in unserer Lebenswirklichkeit, um das Wunder „Mensch" zu ergründen, um eigene Lebenssituationen und Schicksale zu begreifen. Der Kleine Prinz ist solch ein Reisender und Suchender. Er fiel von seinem Planeten auf die Erde, traf seinen Piloten, und gemeinsam machten sie sich auf eine innere und äußere Reise durch die Welt der Planeten. Sie ließen sich auf das Abenteuer ein, sich und die Welt kennen zu lernen. Damit wurden sie berührbar füreinander, so dass eine tiefe Seelen- und Herzensverbindung entstand, die es ihnen ermöglichte, in den Begegnungen mit all den Geschöpfen dieser Welt tiefer, ehrlicher und mutiger in die Sinnfragen des Lebens einzutauchen. Der Kleine Prinz wird zum Wegweiser und Reiseführer für all die Fragen, die gerade Trauernde umtreiben und ruhelos machen. Es gilt nicht, auf alle Fragen im Angesicht des Todes Antworten zu finden, sondern sich aus der Erstarrung des Leides innerlich und äußerlich in Bewegung zu setzen und mit achtsamen Schritten eine Reise mit allen Sinnen anzutreten. Gute Weggefährten sind nötig, um all die Entdeckungen und das Gesehene zu begreifen und dem Geschehenen zur Sprache zu verhelfen, damit die Trauernden nicht an ihrer häufig vorhandenen Sprachlosigkeit ersticken.

Wenn der trauernde Mensch sich auf die Reise durch die Gefühlswelten seines Ichs begibt, wird er eigene Landkarten entwickeln, die ihn davor schützen, seinen Weg zu verlieren. Er wird Landschaften aufspüren, die ihm heilsame Erfahrungen schenken und Bilder, die trostreiche Erinnerungen ermöglichen. Der Kleine Prinz lässt uns an seiner Landschaft, an seiner Welt teilhaben und macht den Menschen berührbar. Er lädt uns in seine Wüste ein, die zunächst karg, trocken und lebensverneinend wirkt. Er macht uns auf jene

Dinge aufmerksam – mögen sie noch so klein und unscheinbar sein –, die Leben ausstrahlen. Leben, das manchmal wie ein Hauch und kaum wahrnehmbar erscheint und doch voller Schönheit und Lebensquell ist.

Auch der Kleine Prinz ist oft erstaunt über das Erlebte, die Fragen und Antworten, das Gesehene und die Begegnungen mit Menschen, die auf unterschiedlichen Planeten wohnen und sinnentleerten Aufgaben nachgehen. Doch immer wieder findet er auf seiner Reise kleine Freuden und Farbtupfer inmitten der Wüste, die voller Leben ist und die es immer wieder aufs Neue zu entdecken gilt.

Die Trauernden und der Kleine Prinz sind sich in ihren Erfahrungen und Erlebnissen so nah, dass beide Welten in Verbindung treten können und ein Dialog entsteht – für Trauernde ein bewegender Reichtum. In vielen Momenten auf der Reise des Kleinen Prinzen ist er sehr mutig in den Begegnungen, in dem Tragen und im Aushalten von Ängsten, Leere und Einsamkeit. Er zeigt Mut und jene Weisheit, die uns schwerkranke Menschen vor ihrem Tod oft auf wunderbare Weise mitteilen und die besonders kleinen Kindern inne wohnen. Eltern und Geschwister erzählen häufig, dass der Kleine Prinz ihrer Tochter, ihrem Sohn, der Schwester oder dem Bruder gleicht: neugierig, voller Liebe für die Welt, fragend und immer wieder prophetisch und weise. Diese Kinder hatten Wüstenerfahrungen durch Leid und Schmerzen, hatten Erfahrungen mit ihrem Planeten, ihrem Stern, ihren Träumen und sammelten Reiseeindrücke zwischen den Welten. Sie brachten den Familien den Sinn und den Wert des Lebens so nah, dass jeder neue Tag eine andere Reiseroute vorgab und das sterbenskranke Kind zum Reiseführer wurde.

Gerade diese Kinder verstehen, was Leben bedeutet und laden uns immer wieder ein – wie der Kleine Prinz – dem Tod und dem Leben nicht auszuweichen, sondern ihnen mit allen Sinnen zu begegnen, in Tälern der Tränen zu wandern, Oasen der Freude aufzuspüren und Berggipfel mutig zu erklimmen, um den Sternen näher zu sein und den eigenen Planeten zu erkennen. Sie führen uns an Quellen, die unseren Durst nach Leben erkennen lassen und an Brunnen, die vertrocknet zu sein scheinen, aber in ihrer Tiefe all die vielen Tränen verbergen, die wir schöpfen müssen, damit sie unsere Herzen benetzen und unsere Seelen entfalten. Die Kinder weisen uns den Weg zu ihrem Stern und lassen uns einen Augen-Blick teilhaben an ihrem Planeten mit all den kleinen Freuden, den Tränen, dem Lachen, der Wut und den Schmerzen, aber auch an ihrer großen Leidenschaft für das Leben und an ihrem Abschied von dieser Welt. All das nehmen Eltern und Geschwister in sich auf und begegnen dabei dem Kleinen Prinzen, entdecken Gedanken, Sätze, manchmal nur einzelne Worte, die ihnen die Einmaligkeit ihres Kindes, seinen Mut, die Weisheit und die Liebe, das ganze Vermächtnis ***ihres*** Kleinen Prinzen zeigen.

Sie bringen dieses vor die Welt in Traueranzeigen, Abschiedsfeiern, Trauergottesdiensten und bei Beerdigungen. Ganz oft können wir auf den Gräbern der Kinder Symbole des Kleinen Prinzen sehen, die die tiefe Verbindung zu dem Kleinen Prinzen im Buch, im Leben und im Sterben zeigen. Diese Verbindung scheint für viele Eltern und Geschwister gerade darin zu liegen, dass der Kleine Prinz aussieht wie ein Kind, die Neugier eines Kindes hat, die Welt mit Kinderaugen anschaut und immer wieder über das Leben und diese

Welt erstaunt ist. Die Wunder dieser Welt mit ihren Sternen und Planeten erkennt der Kleine Prinz wie nur Kinderseelen Dinge sehen, die uns Erwachsenen verschlossen bleiben.

In der Geschichte des Kleinen Prinzen begegnen wir immer wieder Lebenssymbolen, die gerade Trauernde trösten können, zum Beispiel die Rose – Zeichen der Liebe und der Herzensbildung, dornenvoll, doch auch zart und verletzlich. Die Rose benötigt aufmerksame Pflege, damit sie zur vollen Entfaltung kommt und ihre ganze Schönheit sichtbar wird.

Der Kleine Prinz erfährt, dass er sein Leben lang für diese eine Rose verantwortlich ist. Der Fuchs sagt ihm: „*Aber du darfst sie nicht vergessen. Du bist zeitlebens für das verantwortlich, was du dir vertraut gemacht hast. Du bist für deine Rose verantwortlich.*“

Dieser Gedanke kann uns Menschen einen neuen Zugang, eine andere „Beseelbarkeit“ ermöglichen, um all den Dingen, die wir sehen, bedenken, erfassen, wahrnehmen und erleben, einen tieferen Sinn zu geben. Wir können dadurch der Zerbrechlichkeit des Lebens anders begegnen, und die materiellen Ängste dieser Welt, die die Seelen und Herzen der Menschen belasten, verlieren ihre Macht.

Trauernde Eltern und Geschwister erzählen davon, dass ihre sterbenskranken Kinder ein tieferes Sehen und Erkennen entwickeln konnten, weil sie so dünnhäutig und verletzlich waren wie der Kleine Prinz. Die Familien erlebten diese Erfahrungen wie einen Spiegel des Lebens und gewannen auf dem gemeinsamen Weg mit ihrem Kind ein kostbares Wissen über das eigene Leben – einen inneren Reichtum voller Liebe, Barmherzigkeit und Trost. Gerade im Loslassen auf der Reise in eine andere Welt zeigen uns diese wunderbaren Wesen wahrhaftige Größe im Leben wie im Sterben und führen uns behutsam auch nach ihrem Tod an die wirklichen Fragen des Lebens heran. Sie geben sich als die wahren Reiseführer auf der Suche nach dem Sinn des Lebens zu erkennen. Durch ihr Sterben erweitern sie unser aller Kosmos, schenken uns neue Horizonte und lassen unentdeckte Sterne am Himmelszelt auftauchen.

Ein „Sternenhimmel“ der Erinnerung erstrahlt in der Kapelle.

Der Kleine Prinz sagt dazu: „*Das ist wie mit der Blume. Wenn du eine Blume liebst, die auf einem Stern wohnt, so ist es schön, bei Nacht den Himmel zu betrachten. Alle Sterne sind voll Blumen.*“

Die Sterne in der Geschichte des Kleinen Prinzen sind für ihn und für seinen Freund, den Piloten, sehr wichtig. Auch für Trauernde sind Sterne ein bedeutsames und heilsames Symbol. Es ist eine Erinnerungsbrücke zu den geliebten Menschen, die unsere Welt verlassen haben. Viele Geschwister beschreiben, dass in ihnen Bilder entstehen, in denen die Sterne ein trostreiches Zeichen in der Erinnerung an das verstorbene Geschwisterkind darstellen. Diese Sterne tauchen immer mal wieder in ihren Träumen, in Erinnerungsgeschichten und inneren Bildern auf. Sie übertragen diese Sterne in ihre reale Welt, suchen sich häufig einen Stern am Himmel aus und geben diesem Stern den Namen ihrer Schwester oder ihres Bruders. Das schafft eine für sie reale Verbindung zu ihrem verstorbenen Geschwisterkind und lässt sie hoffen, dass der Kontakt, die Liebe und die Erinnerung zwischen ihnen Bestand hat und damit ein gegenseitiger Beistand spürbar ist.

Das verstorbene Geschwisterkind geht ihnen nicht verloren und sie selber auch nicht – trotz der Tränen, der Verzweiflung und einer tiefen Einsamkeit; denn diese Welt nimmt trauernde Geschwister häufig nicht wahr und nicht an.

So fühlen sie sich verlassen und unverstanden, haben aber eigentlich so viel zu sagen, denn durch den Tod des Geschwisterkindes erfahren und leben sie die Sinn-Schule des Lebens. Auch sie sind Wissende um das Geheimnis „Leben“ in allen Facetten des Daseins und sie sind lebende Sterne, die uns Menschen berühren und durch ihre Fragen bereichern können, wenn wir sie als Botschafter einer lebenswerten Welt anerkennen und den Dialog zu ihnen suchen. Sie schenken den Erwachsenen, wie der Kleine Prinz, Erkenntnisse, Bilder und die Leidenschaft für die Einmaligkeit jedes Geschöpfes, jedes Sterns und Planeten und jedes Menschen – sie geben damit dem Leben eine Zukunft.

In einem unserer Bad Segeberger Trauerseminare stellten wir den Kleinen Prinzen und die Sterne als Thema in den Mittelpunkt, um uns dem Weihnachtsfest in der veränderten Familienwelt zu nähern und in sinngebenden Ritualen den trauernden Familien das Weihnachtsfest zu ermöglichen.

Ein Ritual, das wir entwickelten, war den Sternen gewidmet. Die Familien wurden eingeladen, im Sinne der Einmaligkeit ihres verstorbenen Kindes, einen Stern entstehen zu lassen, der unverwechselbar ist. Es lagen Tonpapier und Stifte in der Mitte des Raumes, Scheren und Sternenkerzenhalter. Zur Einstimmung hörten wir die CD „Abendstern" von Hufeisen mit dem Lied „Weißt du wieviel Sternlein stehen". Es entstanden wunderschöne Sterne, unterschiedlich in Form und Ausdruck. Jeder Stern war versehen mit dem Namen des verstorbenen Kindes, Symbol seines Lebens, und Farbentupfern, die es einmalig und unvergleichbar machten – ein Unikat wie sein kurzes Dasein auf dieser Welt. Alle Sterne wurden an einem großen blauen Samttuch befestigt und mit den strahlenden Sternenlichtern in die Kapelle gebracht.

Das „Sternentuch" wurde über den Altar gelegt, und die Lichter wurden darauf gestellt. Es entstand ein berührender und leuchtender Sternenhimmel, der Herz und Seele entflammen ließ für all die wunderbaren Kinder, die uns begleiten und uns nah sind, die wir hören wie Glocken am Firmament, die wir sehen mit unserem Herzen und die wie Sternschnuppen in unseren Schoß fallen. Das ist das Geheimnis, warum der Kleine Prinz ein Wegbegleiter ist im Leben wie im Tod.

Adieu, sagte der Fuchs.
Hier ist mein Geheimnis.
Es ist ganz einfach: Man
sieht nur mit dem Herzen gut.
Das Wesentliche ist für die
Augen unsichtbar.
(Antoine de Saint-Exupéry)

Drei Sterne sind gestaltet – einmalig und unverwechselbar...

Wenn Himmel und Erde sich begegnen

Eine Balance finden zwischen den Welten

Während der kleine Lars in der Einführung offen lässt, wohin genau die Seele sich auf die Reise macht, wenn der Mensch stirbt, lernen wir in unserer Kultur schon von Kindesbeinen an, dass wir nach dem Tod in den Himmel kommen, vorausgesetzt wir führten ein Leben voller guter Taten.

Der Himmel gilt als Synonym für das Jenseits, und die Erde ist bedeutungsgleich mit dem Diesseits.

„*Der Himmel geht über allem auf*“ und „*Wir säen und wir streuen den Samen auf das Land*“, besingen zwei Lieder diese beiden Welten.

Gewöhnlich sind wir in unserem Alltag so sehr in dem Diesseits verankert, dass uns das Jenseits nicht weiter interessiert.

Erst wenn der Tod uns selbst oder durch den Verlust eines nahen Menschen berührt, rückt die Möglichkeit des Jenseits in unser Bewusstsein.

Wir überschreiten die Grenze der Welt mit ihren irdischen Sinneswahrnehmungen und begeben uns in die Welt der außer-sinnlichen Wahrnehmungen – in das Jenseits. Der Tod führt uns in Grenzerfahrungen, und wir werden im Tod und als Trauernde zu Grenzgängern zwischen den beiden Welten des Diesseits und des Jenseits – zwischen Himmel und Erde.

Evelyn Oberacker, eine trauernde Mutter, hat Worte gefunden für diese Erfahrungen und sich selbst als Grenzgänger bezeichnet:

mein Leben
aus jeglicher Verantwortung
gerissen
treibt
auf einem Meer
der Verzweiflung
mit
wachsenden Flügeln
der Sehnsucht
zeitlos
an den Rand des
Horizontes
ich bin
zum Grenzgänger geworden

Grenzgänger zu sein ist eine große Herausforderung mit vielen Risiken und Belastungen und setzt Kenntnis und Erfahrung voraus.

Daher hat es zu allen Zeiten und in allen Kulturen Symbole, Rituale und Mythen gegeben, die den Menschen zum Grenzgänger (aus)bildeten. Die alte ägyptische Kultur entwickelte einen wahren Totenkult, und in vielen Hieroglyphentexten finden wir Anweisungen für die Reise zwischen den Welten.

In unserer christlichen Tradition begegnen wir der Himmelsleiter als Symbol für den Grenzgang zwischen Leben und Tod.

Marc Chagall hat das überlieferte Motiv in einem seiner Bilder aufgegriffen.

Das Bild zeigt Engel als Boten zwischen Himmel und Erde. Sein Ursprung liegt in der biblischen Geschichte von Jakob, der Schuld auf sich geladen hatte und vom Vater in die Fremde fortgeschickt worden war. Als er sich auf seinem Weg eines Nachts auf einem Stein zur Ruhe legt, beginnt er zu träumen. Er erblickt in seinem Traum eine Leiter, die von der Erde in den Himmel reicht. Engel wandeln auf dieser „Himmelsleiter" unentwegt auf und nieder. Hoch oben über der Leiter zeigt sich Gott und verkündet Jakob: *„ICH bin es. Ich bin da, ich bin bei dir. Ich will dich behüten, wo immer du hingehst. Ich verlasse dich nicht."*
(1. Buch Mose 28. 13, 15).

Die Himmelsleiter als Symbol für den Grenzgang zwischen Leben und Tod. (Marc Chagall)

Jakob, der sich von Gott und „allen guten Geistern" verlassen geglaubt hatte, offenbarte dieser Traum die ewige Gegenwart Gottes, die auch in jenen Augenblicken präsent ist, in denen wir zutiefst (ver)zweifeln und sie nicht wahrnehmen (können). Die Himmelsleiter wird zu einem Hoffnungsbild für die unzerstörbare Verbindung zwischen Himmel und Erde, die existiert, auch wenn wir sie nicht sehen.

Mit dem Verlust eines geliebten Menschen werden wir zu Trauernden, die sich trauen, die Himmelsleiter zu erklimmen. Wir werden zu Grenzgängern zwischen Himmel und Erde. Auf diese neue Rolle sind wir in der heutigen Zeit in unserer Gesellschaft kaum mehr oder gar nicht vorbereitet, denn der Tod wurde über viele Jahre tabuisiert, wie wir in dem ersten Kapitel aufgezeigt haben.

Wir sind damit beschäftigt, unseren Alltag zu bewältigen, den beruflichen Anforderungen zu genügen und werden in der Freizeit angeregt, so viel Spaß oder „Fun“ zu haben, dass wir schon beinahe in Stress geraten, wenn uns das nicht gelingt. Das Bewusstsein ist auf das Handeln, Bewältigen und die Bedürfnisbefriedigung gerichtet.

Trauern hat darin eigentlich keinen Platz, denn Trauern bedeutet im ursprünglichen Wortsinn: „Den Kopf senken“ oder „Die Augen senken“.

Es beschreibt die Haltung der in die Tiefe oder nach innen gerichteten Aufmerksamkeit, ein Sehen mit dem Herzen und ein Hören mit der Seele. In dieser Haltung werden Trauernde in unserer materialistisch ausgerichteten Spaßgesellschaft zu Fremden.

Sie wurden nicht nur unzureichend oder gar nicht auf ihre Aufgabe vorbereitet, sondern geraten auch noch ins Abseits, wenn wir nicht bereit sind, uns auf ihre Daseinsebene, ihre Seelenschwingung einzulassen.

Dabei ist in uns allen das Potential vorhanden, uns auf die seelische Innenwelt einzustimmen. Weise Menschen wiesen und „weisen“ uns darauf hin, dass unsere Seele und unser Bewusstsein jedoch gerade danach dürsten. *„Die Seele ist die Tiefe, die sich selber sucht“*, schreibt Khalil Gibran.

Wer sich jemals dazu überwunden hat, den Blick von außen nach innen zu richten, wird einen ungeheuren Reichtum entdecken, wird beschenkt mit intensiven Gefühlen, inneren Bildern und den sogenannten außersinnlichen Wahrnehmungen. Es erschließen sich ungeahnte innere Welten, die unser Erleben und Bewusstsein bereichern und erweitern: Uns erwachsen Wurzeln und Flügel für eine Balance zwischen den Welten. Trauernde können für ihre Mitmenschen zu Spiegeln werden, in denen wir uns mit den in uns wohnenden Möglichkeiten selbst erkennen.

Sie laden uns ein, mit ihnen die Grenzen des Alltäglichen zu überschreiten und eine

Der Seelenvogel er-öffnet mit seinem Schlüssel die Innenwelt der Trauernden.

Verbindung zwischen Himmel und Erde zu schaffen. In ihrem tiefen Sehnen nach dem Verstorbenen und mit der Liebe in ihrem Herzen halten sie diese Verbindung aufrecht.

Sich zwischen Himmel und Erde auszubreiten, ist uns Menschen nicht einfach gegeben. Wir sind zunächst mit unseren Füßen an die Erde gefesselt. Es ist bemerkenswert, dass der Begriff „Fuß“ seine indogermanische Wurzel in dem Wort „Fessel“ hat und dieses ja eine doppelte Wortbedeutung in sich birgt – in dem Gefangen-Sein und in der anatomischen Beschreibung.

Die Schöpfung hat jedoch auch Lebewesen hervorgebracht, die sowohl auf der Erde wie in der Luft – im Himmel – zuhause sind: Vögel. Es mag diese besondere Gabe gewesen sein, die sie zu einem universellen Symbol für die Seele werden ließ. In nahezu allen Kulturen dieser Welt tauchen Vögel als Seelenvögel auf, die zu Geistführern, Vermittlern und Boten zwischen den beiden Welten des Diesseits und des Jenseits werden.

In einem kleinen Buch, das auch Trauernden ein liebenswerter Begleiter sein kann, wird ein Seelenvogel vorgestellt:

Sonderbarerweise hat er in seinem Gefieder viele Schubladen verborgen, die jede ein eigenes Gefühl beinhaltet. Die Geschichte erzählt uns, dass wir Menschen diesen Seelenvogel brauchen, denn nur er besitzt den Schlüssel zum Öffnen der Schubladen. Er ist derjenige, der helfen kann, zu dem uns Innewohnenden zu gelangen.

Der Seelenvogel er-öffnet uns all die verschiedenartigen Gefühle der Freude, Traurigkeit, Hoffnung, Wut, Zärtlichkeit, Verzweiflung, Ausgelassenheit und viele mehr. In unserer Einzigartigkeit erscheint auch jeder unserer Seelenvögel einzigartig und unser Umgang mit ihm:

„Manche Menschen hören den Seelenvogel oft, manche hören ihn selten. Und manche nur einmal in ihrem Leben. Deshalb ist es gut, wenn wir auf den Seelenvogel horchen, der tief, tief in uns ist. Vielleicht spät abends, wenn alles still ist.“
(Michal Snunit)

Die Seelenvögel mit ihrem Schlüssel zu dem tief in uns Wohnenden und als Botschafter zwischen den Welten wurden tragende Symbole eines Rituals in unserem Trauerseminar: „Zwischen Himmel und Erde – Eine Balance finden zwischen den Welten“.

Sie sollten den Trauernden helfen, jenen Ort zu bestimmen, an dem sie den Verstorbenen aufgehoben wissen und an dem sie mit ihm in Verbindung stehen.

Ein wiederentdecktes altes Kinderspiel, das Hinkespiel „Himmel und Hölle“, wurde von uns zweckentfremdet umbenannt in „Himmel und Erde“ und zu einer Landkarte mit diesen Welten verändert.

Wir malten auf ein weißes Leinentuch große Kästchen, kartografierten eine Landschaft zwischen Himmel und Erde.

Um das Leinentuch lagen in Farbe und Form unterschiedliche Vögel, Symbole für den Seelenvogel. Von ihnen konnte sich jeder Trauernde einen aussuchen und durch seine Gestaltung mit Symbolen, dem Namen des Verstorbenen, seinem Geburts- und seinem Sterbedatum diesen Vogel zu seinem Seelenvogel werden lassen.

Ihm einen Platz auf dem Leinentuch zu geben, zu bestimmen, wo zwischen Himmel und Erde sein Ort sein soll, war ein nächster Schritt.

Es brauchte eine Zeit der Ruhe und Stille, des Innehaltens, um die eigene Seele zu befragen: Wo sehe ich den geliebten Menschen nach seinem Tode aufgehoben? Wo und wie trete ich mit ihm in Verbindung? Gebe ich meinem Vogel einen Platz auf dieser Weltenkarte, der dem Himmel oder der Erde näher ist?

Nachdem alle Vögel ihren Platz auf dem Tuch gefunden hatten, wurden sie von den Anwesenden in einer Prozession in die Kapelle getragen. In ihrer Mitte steht ein Altar, dem wir unser Tuch mit Himmel und Erde und all den symbolischen Seelenvögeln übergaben.

Der Seelenvogel findet seinen Platz zwischen Himmel und Erde.

Gott lud Jakob in seinem Traum ein, auf seine Gegenwart zu vertrauen. Trauernde haben durch die Erfahrung des Todes und durch den unendlich schmerzhaften Verlust des geliebten Menschen dieses Vertrauen häufig verloren und entdecken – das mag paradox erscheinen – in der Hingabe an ihren Schmerz, in ihrer tiefen Verzweiflung und Suche nicht selten die spirituelle Dimension ihres Daseins auf eine ganz neue Art und Weise.

In diesem Zusammenhang hat das Ritual des Übergebens an den Altar in der Kapelle seine ganz besondere Bedeutung.

Der Seelenvogel begleitete die Trauernden auch in die Gruppenarbeit hinein.

Er regte an, Schubladen der Gefühle zu öffnen und sie zu ergründen und sich immer wieder auf seinen Schwingen in die vielfältigen Dimensionen zwischen Himmel und Erde tragen zu lassen.

Mit einem besonderen Ritual ermutigten wir die Trauernden, den Gefühlsschwingungen des Seelenvogels in ihrem Inneren auch nach dem Seminar im Alltag Aufmerksamkeit zu schenken: In einer Gruppenmitte stand zum Abschied ein kleines Kästchen mit Schubladen (in Fachgeschäften für Schreibwaren erhältlich; diese Kästchen sind aus festem Karton in unterschiedlichem Design hergestellt).

In einer Schublade des Kleinods, das an den Seelenvogel erinnert, befand sich ein alter verschnörkelter Schlüssel. Wir haben dazu eingeladen, dass ein Teilnehmer aus der Runde diesen kleinen Schlüssel an sich nimmt und sich von ihm in der Zeit nach dem Seminar inspirieren lässt, die oft nach außen verschlossenen Gefühle in der Trauer für sich zu „erschließen“ – ihnen unter eigener „Regie“ Raum und Zeit zu geben.

Trauernde Menschen erleben mit Hilfe dieses kleinen Rituals – manchmal zum ersten Mal –, dass sie ihren Gefühlsschwankungen und -schwingungen nicht ohnmächtig ausgeliefert sind, sondern hin und wieder selbstbestimmt handeln können. Das gibt ihnen Hoffnung und den Mut, ihren Trauerweg aktiv zu gestalten und den eigenen Prozess in der Trauer in ihrem Sinne zu beeinflussen.

Wir verbanden mit dem „Schlüssel-Ritual”, das dem Einzelnen helfen kann, eine weitere Intention:

Wir wollten den Teilnehmern einen Impuls zum Austausch miteinander in die Hand und ans Herz legen und regten an, den Schlüssel im Laufe eines Jahres von einem Teilnehmer an den anderen zu schicken. Der Teilnehmer, der den Schlüssel aus dem Schubladenkästchen in der Gruppenmitte an sich genommen hatte, sandte ihn später an einen anderen Teilnehmer aus der Gruppe und schrieb etwas über seine Erfahrungen mit den „verschlossenen“ Gefühlen dazu und schickte beides – Schlüssel und „Seelenbotschaft“ – an den nächsten Teilnehmer.

Lange Zeit nach dem Seminar erfuhren wir von den Heilungskräften, die durch diese Ritualarbeit wirken konnten, und von dem Geschenk, das die Vernetzung untereinander für jeden Trauernden dieser Gruppe gewesen ist.

Der Seelenvogel trug auf seinen Flügeln wie eine Brieftaube in ihrem Schnabel die Gefühle von Traurigkeit und Freude, von Verzweiflung und Hoffnung, von Wut und Kraft von einem Trauernden zum anderen. Sie teilten mit- und untereinander die Erfahrungen von Stillstand und Wandlung in der Trauer.

„Das Ich weiß es noch nicht“

Stillstand und Wandlung in der Trauer

Künstler aller Zeiten haben die Spirale in ihren Werken abgebildet. Auch Hundertwasser schuf mit „Das ich weiß es noch nicht“ eine Spirale in dem ihm eigenen Stil.

Marija Gimbutas, Professorin für europäische Archäologie, zeigt uns in ihrem Buch „Die Sprache der Göttin“ die vermutlich ersten von Menschenhand geschaffenen Spiralabbildungen aus den Höhlen von La Pileta in Spanien. Sie entstammen der Jungsteinzeit. 15 000 Jahre Menschheitsgeschichte liegen von diesen ersten Spiralbildern bis zu Hundertwassers „Das ich weiß es noch nicht“ vor uns – tausende von Jahren Beschäftigung des Menschen mit der Spirale. Sie muss schon außergewöhnliche Eigenschaften in sich tragen, wenn wir Menschen sie so lange in unserer Kulturgeschichte bewahren.

Vielleicht liegt ihre besondere Bedeutung in ihrer Universalität: Wir finden sie in den vielfältigsten Erscheinungen der Natur wieder, sowohl im Mikro- als auch im Makrokosmos und in den Mythen und Ritualen vieler Völker.

Spiralnebel im Weltall

In jeder Zelle unseres Körpers liegt mit der DNS unser gesamtes genetisches Material verborgen. Die DNS ist eine Art „Fadenmolekül“, das ausgestreckt etwa 3 Meter lang wäre. Im Zellkern beansprucht sie aber als mehrfach „eingefaltete“ Spirale nur einige Milliardstel Kubikzentimeter.

Hier hat die Natur mit der Spiralform die optimale, ja eigentlich die vollkommenste Form für die Lösung dieses „Raumproblems“ gewählt. Aber auch das Keratin in unserer Haut, den Haaren und Nägeln und das Kollagen als Bestandteil von Knochen, Knorpeln, Sehnen und anderem Bindegewebe weisen eine Spiralstruktur auf. Selbst unser Herz besteht aus spiralig gewundenen Muskelbändern.

In der Tierwelt finden wir zum Beispiel bei der Schnecke und in der Pflanzenwelt beim Königsfarn die Spiralform wieder.

Im Makrokosmos begegnet uns die Spirale in den Galaxien mit ihren Spiralnebeln, und unsere Erde beschreibt auf ihrem Weg durch das Universum wie die anderen Planeten unseres Sonnensystems eine Spiralbahn.

Nach Marija Gimbutas haben Menschen schon in frühester Vorzeit die Spirale als Symbol für den zyklischen Lauf der Zeit – in Verbindung mit dem Mond – und für die Vitalkraft – in Verbindung mit der Schlange – genutzt.

Die besondere Form der Spirale legt diese Symbolgebung auch nahe: Ihr Weg führt kreisförmig von außen nach innen und von innen nach außen. Damit greift sie das Thema des Entfaltens und des Einfaltens auf: Der Samen wird zum Keimling und dieser zur Pflanze; die Pflanze bringt die Frucht und diese den Samen hervor, der wiederum alle Möglichkeiten der Pflanze eingefaltet in sich trägt.

Das Thema findet sich aber auch in dem großen Zyklus der Jahreszeiten wieder vom Erwachen des Frühlings zur Reife des Sommers über den Rückzug des Herbstes bis zum Stillstand des Winters.

In ihrer dreidimensionalen Ausprägung wird die Spirale zum Entwicklungssymbol schlechthin. „Ich lebe mein Leben in wachsenden Ringen..." schreibt Rainer Maria Rilke. Die Spirale repräsentiert darüber hinaus die Vitalkraft: In der Tradition des Kundalini-Yoga symbolisiert sie als eingerollte Schlange die ruhende Kundalinikraft, die mit zunehmender spiritueller Praxis entlang der Wirbelsäule aufsteigt und die Verbindung zum höheren Bewusstsein herstellt.

Formgebendes Element ist die Spirale zudem in vielen Tanzritualen. So zum Beispiel in dem berühmt gewordenen Tanz der Derwische des Sufi-Ordens von Konya (Türkei). Mit weit ausgestreckten Armen, eine Hand dem Himmel zugewandt, die andere der Erde, mit halbgeschlossenen Augen den Blick nach innen gerichtet, drehen sich die Derwische in ständiger Kreisbewegung spiralförmig durch den Raum. Sie suchen in vollständiger Hingabe – zwischen Himmel und Erde ausgestreckt – die tiefe Verbindung zum Göttlichen, das sich ihnen in ihrem „Spiraltanz" als göttliches inneres Licht auf ekstatische Weise offenbart.

Und es ist sicher kein Zufall, dass sie sich entsprechend der Spiralrichtung des Herzens drehen. Für Sufis ist das Herz der Ort der Begegnung mit Gott in einer all-umfassenden Liebe.

Joseph Campbell berichtet von Neuguinea, wo das Jenseits als Labyrinth – die Sonderform der Spirale – gesehen wird, vor dessen Eingang eine schweinsköpfige Gottheit wacht. Sie gewährt nur demjenigen Einlass, der zu Lebzeiten die Kunst des Labyrinth-Zeichnens erlernt hat, um im Augenblick des Todes den Weg ins Jenseits zu finden.

Der bekannte Mythos des Theseus aus unserem westlichen Kulturraum erzählt von einem gefährlichen Weg in ein Labyrinth. Nur mit Hilfe der Ariadne und ihres Fadens gelingt es Theseus, das schreckliche Ungeheuer, den Minotaurus, zu töten und unversehrt zurückzukehren.

So begleitet die Spirale uns seit Menschengedenken auf den verschiedensten Ebenen unseres vielschichtigen Daseins: in der Natur mit ihren kleinen und großen Welten und in unserer gesamten Kulturgeschichte. Die Symbolkraft der Spirale steht uns zur Verfügung für die vielfältigsten Wege, die wir in unserer Entwicklung von der Zeugung und der Geburt bis zum Tode und darüber hinaus zu durchschreiten haben. Und der Weg der Trauer ist einer der schwierigsten Wege, die wir in unserem Leben gehen müssen.

Er kann beinahe mit jenem des Theseus verglichen werden, nur ist es nicht der Minotaurus, dem wir uns im Trauerweg stellen müssen, sondern es ist eine tiefe Dunkelheit in unserer Seele, es ist ein Abgrund der Gefühle, der sich uns eröffnet mit tiefster Verzweiflung,

Ohnmacht, Wut und dem unerträglichen Schmerz unstillbarer Sehnsucht. Mit dem Tod eines geliebten Menschen rückt das Jenseits dem Diesseits sehr nahe.

Der Weg der Trauer wurde von Verena Kast als ein linearer Weg von Trauerphasen definiert. Wir meinen, dass der Weg der Trauer für jeden Menschen ein eigener ist, so einzigartig wie er selbst und seine Beziehung zum Verstorbenen ist.

Wenn wir danach trachten, Bilder zu finden, die den Weg der Trauer beschreiben könnten, bietet sich die Spirale mit der ihr eigenen offenen und vielschichtigen Form an.

Ich kann sie von innen nach außen oder umgekehrt durchschreiten. Ich kann in ihrem Inne-ren innehalten, verweilen und zurückgehen oder mich für die dreidimensionale Form entscheiden und damit für eine neue Stufe und Entwicklung. Auch wenn die Grundform der Spirale der Kreis ist, so ist sie nicht wie der Kreis selbst geschlossen, sondern bleibt offen. Eine besondere Bedeutung für Trauernde gewinnt die Spirale durch ihren zyklischen Charakter. Es sind der Todestag und der Geburtstag des Verstorbenen und die besonderen Tage der Erinnerung, die dem Trauerweg ein Gerüst geben. Diese wiederkehrenden Daten, „die Gegebenen“, (Datum (lat.) = gegeben, n. Mackensen) lassen den Trauerweg als einen Spiralweg erscheinen.

In ihm haben sowohl Stillstand als auch Wandlung Platz, sowohl Fortschritt als auch Rückschritt, sowohl Auf als auch Ab.

Mit der Spirale „Das ich weiß es noch nicht“ von Friedensreich Hundertwasser luden das Institut für Trauerarbeit (ITA) und der Verein Verwaiste Eltern Hamburg e. V. verwaiste Eltern und Geschwister zu einem Trauerseminar nach Bad Segeberg ein.

In einem Anfangsritual wurden alle Eltern und Geschwister mit einer großen Stoffspirale in der Raummitte begrüßt.

Ein Geschwisterkind war bereit, stellvertretend für alle Anwesenden diese Spirale zu durchschreiten.

Es ist die kindliche Spontaneität, die selbst in der Trauer das Sich-Trauen und Handeln ermöglicht. Als in erster Linie handelnde Wesen sind die Kinder den Erwachsenen in diesem Punkt voraus. Dass ihr Kind-Sein gerade in der Trauer aber auch seine eigene Beschwernis hat, wird an anderer Stelle beschrieben.

Eine Spirale lädt ein, den eigenen Trauerweg zu entdecken.

In der Begehung der Spirale machte das Geschwisterkind für alle einen Weg sichtbar, der von außen nach innen und von innen nach außen führte und den Trauernden an diesem Wochenende offen stehen sollte: Sich dem eigenen Inneren zuzuwenden, ihm Ausdruck zu verleihen und sich den anderen mitzuteilen.

Viele kleine Baumscheiben, die auf der Stoffspirale verteilt lagen, luden die Familien ein, sich jeweils eine von ihnen auszuwählen, um sie mit dem Namen des verstorbenen Kindes zu beschriften und mit einem Symbol zu gestalten.

Fasziniert betrachteten die Familien die Jahresringe der Baumscheiben, die das Symbol der Spirale vertieften und die gelebten

Die Baumscheiben tragen in ihren Jahresringen die gelebten Tage und Jahre der Verstorbenen.

Tage und Jahre der verstorbenen Kinder aufnahmen und wiedergaben.

In einer Prozession wurden die Stoffspirale und die Baumscheiben in die Kapelle getragen, in der sie bis zum Abschlussritual verweilen und von jedem, der es wünschte, während des Wochenendes aufgesucht werden konnten.

Nach dem Anfangsritual begaben sich die Eltern, Kinder und Jugendlichen in „ihre" Gruppen, in denen nun ein eigener Prozess begann, der in dem Kapitel „Der große Wagen am Himmel und auf der Erde“ beschrieben wird. Auch in diesen eigenen Gruppen lud in der Raummitte eine Spirale ein, sich zu „verankern“, das eigene Befinden zu ergründen, den eigenen Standort zu finden, dem eigenen Trauerweg nachzuspüren und das geäußerte Innere mit den Anderen zu teilen und darin eine tiefe Verbundenheit zu erfahren.

Die formgebende Kraft der Spirale aufgreifend wurde den Eltern einer Gruppe ein Ritual angeboten, das ihnen ermöglichen sollte, die Er-inner-ungspuren, die sie von ihrem verstorbenen Kind in sich tragen, sichtbar zu machen.

Dem Weg der Spirale von außen nach innen folgend, führte dieses Ritual vom Körper zur Seele mit ihren inneren Bildern.

In einer sanften Körperarbeit leiteten wir die Eltern an, den eigenen Körper von seinen Fußwurzeln bis zum Scheitel bewusst wahrzunehmen, mit dem Atem in die verschiedenen Regionen des Körpers „zu reisen“ und dort mögliche Spannungen mit dem Hineinatmen zu lösen.

Wenn wir den Körper als Haus, in dem die Seele wohnt, begreifen und diesem Haus eine liebevolle Aufmerksamkeit schenken, bereiten wir der Seele eine Grundlage, sich uns in einer annehmenden (angenehmen) Umgebung zu zeigen.

Mit der Wahrnehmung, dem Für-**Wahr**-Nehmen, des Körpers sind wir auf dem direkten Weg zu unserer Seele, denn im Grunde sind beide in diesem Leben untrennbar miteinander verbunden.

Der Volksmund legt darüber Zeugnis ab in der ihm eigenen Weise: Das geht mir an die Nieren – Ich könnte aus der Haut fahren – Mir liegt etwas auf dem Magen – Dir ist wohl eine Laus über die Leber gelaufen – Es nimmt mir die Luft weg – Etwas lastet auf meinen Schultern – Das hat mir mein Rückgrat gebrochen – Ich habe Schmetterlinge im Bauch.

Schenken wir dem Körper mit unserem Atem Wärme und Energie, lösen wir Spannungen und schaffen eine wohltuende „Grundschwingung“, in der sich die Seele öffnen kann und uns den Zugang zu ihren inneren Bildern erlaubt. So erwärmte die Körperarbeit in diesem Ritual die trauernden Eltern, die Erinnerungsspuren ihres Kindes in ihrer Seele aufzusuchen.

Behutsam begleitet von Musik („Listening to the heart“ von Oliver Shanti) zeichneten sie den Weg einer Spirale, ihrer Spirale, auf einen großen Bogen Papier, wobei ihr Weg auch kreuz und quer über die Fläche verlaufen durfte – gerade so, wie sie es für sich erfühlten. Durch die Kreuzungen dieser Spuren entstanden viele Felder – ähnlich jenen in Hundertwassers Spirale „Das ich weiß es noch nicht“. Diese „Felder bestellten“ die Eltern nun mit ihren Erinnerungsbildern von ihrem verstorbenen Kind.

Erinnerte Augenblicke und Begebenheiten und viele Facetten der Beziehung zu dem verstorbenen Kind fanden hier einen sichtbaren Ausdruck. Die Eltern gestalteten in tiefer Beweg-theit ihre „Erinnerungsspirale“ mit einer umfassenden Hingabe und Liebe, die die Atmosphäre des Raumes erstrahlen ließ.

Dieser Gestaltungsprozess war für sie seelische Schwerstarbeit, wie sie später berichteten, aber auch „heil-sam“, weil das, was sie sonst in sich verschlossen tragen, nun sichtbar und mitteilbar werden konnte.

Dabei ist das Mitteilbare eines Bildes ein Vielfaches, wie Iwan Turgenjew (russ. Schriftsteller, 1818-1883) meinte: „*Ein Bild sagt mehr als tausend Worte.*“

Und doch sind auch die mitgeteilten Worte unverzichtbar, denn nur sie verschaffen uns Gehör und überwinden die Sprachlosigkeit.

Wenn wir in der Trauerbegleitung mit Ritualen arbeiten, die so kraftvolle und vielschichtige Symbole wie die Spirale zur Grundlage haben, genügt eine eher einfache Gestaltung des Rituals. Das Symbol hat seine eigene Wirkungskraft, die in die Tiefenstruktur unserer Seele hineinwirkt. Dieser Wechselwirkung wird in der Analytischen Psychologie C. G. Jungs eine besondere Aufmerksamkeit geschenkt.

Das schlichte Ritual, eine Spirale zu durchschreiten, be-weg-t uns und bringt uns in Resonanz mit allen Spiralformen, die wir auf den verschiedenen Daseinsebenen in uns tragen:

Von der Organebene bis zur Zellstruktur – vom Herzen bis zur DNS – und von den archaischen Bildern der Seele bis zu den geistigen Formen – von dem Labyrinth des Minotaurus bis zur Kundalinikraft.

Aus einem: „Das ich weiß es noch nicht“ wird ein: **„Ich bin**“.

Zwischen allen Stühlen

Den eigenen Platz finden in einer veränderten Familien- und Lebenswelt

Während einer Rückfahrt von Bad Segeberg – erschöpft wie immer nach einem Trauerseminar – nutzen wir die gemeinsame Autofahrt zur Reflexion unserer Arbeit, im Detail besprechen wir den Gesamtablauf und die Erfahrungen in den Gruppen. Die Autobahnausfahrt liegt in der Nähe eines großen schwedischen Möbelunternehmens, das an der Straße einen riesigen Holzstuhl (ca. 3 m hoch) aufgebaut hat – Werbung für die beginnende Gartensaison. Ein Blitzgedanke streift uns: „Diesen Riesenstuhl müssten wir als Symbol für ein Trauerseminar haben! Stellt Euch vor, der stünde in unserem großen Raum, in dem wir alle Teilnehmer begrüßen und dann ins Thema einführen."

„Genau! Das ist es: *Zwischen allen Stühlen...* So fühlen sich doch die Trauernden, besonders die Jugendlichen. Sie sagen uns immer wieder, wie schwer es ist, nach dem Tod der Geschwister einen neuen Platz in der Familie zu finden."

„Ja, außerdem ist der leere Stuhl, der Platz des Verstorbenen, oft wirklich so überdimensioniert. Ihr erinnert Euch sicher, dass eine Jugendliche einmal gesagt hat: Das einzig lebendige Kind in unserer Familie ist das tote... Das macht doch deutlich, wie groß der Raum – und damit der Platz – ist, den der Verstorbene einnimmt."

„Wir haben das Thema für unser Sommerseminar, in dem die lebenden Geschwister im Fokus stehen! Zwischen allen Stühlen..."

„Gut, wir fahren demnächst zu diesem Unternehmen und fragen, ob der Riesenstuhl ausgeliehen werden kann."

Mit diesem Gespräch begann in unserem Team ein sorgfältig durchdachter Entwicklungsprozess, in dem viele Ideen und Assoziationen zum jeweiligen Symbol zusammengetragen, diskutiert, verworfen werden oder Zustimmung finden und der zur intensiven Vorbereitung eines jeden Trauerseminars gehört. Die Überlegungen und Vorbereitungen sind auf zwei Ebenen zu treffen: Die eine ist die tiefenpsychologische, in der es darum geht, ein Symbol zu entdecken, das die Trauernden „gebären"; das heißt, wir nehmen wahr, in welchen Seelenzuständen sie sich befinden und hören aufmerksam zu, wenn sie in Bildern ihre Nöte in der Trauer beschreiben. („Mein Herz ist eine Wüste" – „Ich drehe mich im Kreis" – „Es kommt mir vor, als sei ich in einem Labyrinth" – „In mir tobt ein Orkan" – „Ich finde meinen Platz nicht."). Die bildhafte Sprache der Trauernden ist unsere Inspiration, nach einem entsprechenden Symbol zu suchen, uns mit dem gefundenen Symbol zu beschäftigen, es in all seinen Facetten und Bedeutungen zu betrachten, es zu verinnerlichen und einen Ausdruck dafür zu finden. Mit dem Symbol gilt es ein Ritual zu entwickeln, in dem sich die Trauernden mit ihrem seelischen Befinden spiegeln und eine Entsprechung ihres Gefühlszustandes entdecken können.

Die zweite Ebene ist die praktische, nach außen gerichtete Seite: Das Symbol muß sich materialisieren lassen, das heißt, eine gegenständliche Form bekommen. Fragen sind damit verbunden, zum Beispiel: Was ist machbar – sowohl von der praktischen Umsetzung her als auch unter finanziellem Gesichtspunkt betrachtet? Wo ist das Material zu beschaffen und wer kümmert sich darum?

Für unser Seminar „Zwischen allen Stühlen…“ war die Zustimmung im Team schnell vorhanden und damit der Weg zu dem Möbelunternehmen frei: Ein reizender, sehr hilfsbereiter Geschäftsführer musste die Bemühungen, den Riesenstuhl ab- und aufbauen zu lassen, schließlich aufgeben. Unterstützend wollte er dennoch sein:

40 kleine (ca. 15 cm hohe) Holzliegestühle mit gelber Leinenbespannung, die Symbol für den leeren Platz der verstorbenen Kinder sein sollten, durften wir als Spende mitnehmen, ebenso 50 Teelichtbehälter für die Geschwisterkinder, die in diesem Seminar im Mittelpunkt stehen würden.

Bei der Suche nach einer Abbildung für die Seminareinladung wälzten wir Kunstbücher, sichteten anderes Material und „blieben hängen“ bei Vincent van Gogh und seinem Gemälde „Der Stuhl“. Hauptsächlich die Entstehungsgeschichte des Kunstwerkes, die von Verlust und Trauer erzählt, führte zu dieser Entscheidung. Van Gogh malte das Bild im Dezember 1888, nachdem die Künstlergemeinschaft mit Gauguin in Arles zerbrochen war und der Freund den gemeinsamen Wirkungsort verlassen hatte. Als Metapher für

Verlassenheit, Einsamkeit und Schmerz wählte der Künstler den leeren Stuhl; er malte seinen und den von Gauguin auf getrennter Leinwand – Finsternis und verlorene Hoffnung dokumentierend.

Die Teilnehmer dieses familienorientierten Seminars wurden mit folgendem Text eingeladen:

Liebe Geschwister, Mütter und Väter,
liebe Trauernde,

durch die Erfahrung des Todes in der Familie bleibt ein Platz leer – ein Platz, der bis dahin besetzt war von Ihrem Kind, von Schwester oder Bruder, von dem geliebten Menschen. Der Platz war ausgefüllt mit allem, was zu dem Menschen, um den Sie trauern, gehörte: mit seinen Eigenschaften und Beziehungen, mit seinen guten und schwierigen Seiten, mit Hoffnungen und Sehnsüchten, mit seinem einzigartigen Blick auf die Menschen und die Welt. Niemand sonst hat so gelebt, gelitten und geliebt, geweint und gelacht. Dieser Platz ist nicht zu ersetzen, nicht neu zu besetzen – er bleibt leer...

Und die trauernden Hinterbliebenen fühlen sich oft wie „zwischen den Stühlen“. Der Tod hat auch den Platz jedes Einzelnen ins Wanken gebracht.

Der Platz in der Familie und in den Beziehungswelten ist ver-rückt.

In diesem Seminar wird es darum gehen, den eigenen Platz zu suchen – ihn vielleicht sogar zu finden – in einer veränderten Familien- und Lebenswelt unter besonderer Berücksichtigung der Geschwistertrauer.

Jedes Seminar beginnt am Freitag mit der Sitzung im Gesamtteam (14 Mitarbeiter und einige Hospitanten), das sich während der Vorbereitungen bis dahin schon teilweise in Hamburg getroffen bzw. bundesweit schriftlich und telefonisch im zirkulären Kontakt und Austausch gestanden hat. Dieses Mal wird unter anderem ein 2 x 3 m großes Tuch aus messingfarbenem Taft begutachtet, auf dem am Abend während des gemeinsamen Beginns aller Teilnehmenden die mitgebrachten Geschwisterkinder „ihren Platz" malend und schreibend suchen und deutlich machen werden. Einige im Team sind nicht begeistert von dem Tuch, finden es zu klein für 40 Kinder und Jugendliche, zu „gülden" in der Farbe... Da es keine Alternative gibt, vertrauen wir darauf, das geschehen wird, was geschehen soll. Am Abend ist eine besondere Stimmung und

Atmosphäre im großen Raum spürbar, die jeden Seminarbeginn begleiten. Eltern und Geschwister werden mit einer Musik empfangen, durch eine schön gestaltete Mitte willkommen geheißen und mit einem an die Wand projizierten Bild in das Thema eingeführt. Ungefähr die Hälfte der 100 Teilnehmer ist zum ersten Mal in Bad Segeberg. Wir wissen um die Unsicherheiten und Ängste der „Neuen“: Werden sich meine Hoffnungen, die ich für dieses Seminar mitbringe, erfüllen? Wer wird alles da sein? Ob die „Chemie stimmt“ zwischen mir und der Gruppenleitung? Wie wird sich mein Kind hier fühlen? Ob meine Tochter wohl Anschluss an andere Jugendliche findet? Wird mein Sohn über seine Trauer sprechen? Ob mein Baby hier auch gut betreut wird?

Andere Seminargäste kennen sich aus in Segeberg, sind zum zweiten oder dritten Mal hier und unterstützen die Integration derer, die sich noch ein wenig fremd fühlen.

Alle wurden bei ihrer Ankunft liebevoll begrüßt von einer betroffenen Mutter, die vor Jahren selbst Teilnehmerin der Trauerseminare gewesen ist und sich einfühlsam den Sorgen und Fragen der neuen Teilnehmer widmen kann. Es ist Tradition geworden, allen Ankommenden dabei ein kleines symbolisches Gastgeschenk zu überreichen. Auch das bewährte und erfahrene Team geht immer wieder mit Herzklopfen in jedes neue Seminar: Ob wir den Trauernden annähernd gerecht werden können? Wird es zu guten Gruppenprozessen kommen? Sind wir aufmerksam genug, um unterschiedliche Bedürfnisse der Gruppenteilnehmer wahrzunehmen und gegebenenfalls Veränderungen im Seminarablauf vorzunehmen?

Nach der Begrüßung im großen Raum werden alle anwesenden Kinder und Jugendlichen eingeladen, in die Mitte zu kommen. Sie stehen im Mittelpunkt dieses Wochenendes und sind somit gleich zu Beginn sichtbar – ohne einzeln im „Blickpunkt" zu sein. Unter Anleitung und Hinführung zum Tagungsthema assoziieren sie frei in die Runde hinein, wo ihr Lieblingsplatz ist oder an welchem Ort er für sie denkbar ist: in der Disco, im Schaukelstuhl, am PC, am Strand, auf dem Fernsehsessel, im Garten... Im Anschluss daran malen 40 Kinder und Jugendliche im Alter von 2 bis 18 Jahren „ihren Platz" auf das am Boden ausgebreitete Tuch – sie finden alle ihren Platz auf dem „güldenen“ Stoff, ohne selbst in Bedrängnis zu kommen oder andere in Bedrängnis zu bringen. Wir Erwachsenen dürfen daran teilhaben und wieder einmal erleben, mit wieviel Hingabe, Ruhe und Rücksichtnahme dieses erste Ritual gestaltet wird.

Ein gemeinsames Lied verbindet Kinder, erwachsene Teilnehmer und das Team.

Der Frieden, Kind, der Frieden, du fragst,
was das wohl sei.
Der Frieden ist der Frieden und ist doch vielerlei.
Kann sein, er ist die Taube, die Blume
und der Kern,
der große Bär am Himmel, ein kleiner
Augenstern.
(Hildegard Wohlgemut)

Dem Lied mit mehreren Strophen hat Birgit Pfahl einen Stuhlvers hinzugefügt:

Kann sein, er ist mein Stuhl zu Haus,
vielleicht auch sonst ein Ort,
an dem ich gerne sitze
und keiner schickt mich fort.
Der Frieden, Kind, der Frieden…

Mit diesem Ritual ist die Einzigartigkeit eines jeden Kindes gewürdigt worden – und wie kostbar die Existenz der Geschwister ist, spürt jeder im Raum.

In einem zweiten Ritual findet das Gedenken und Erinnern an die verstorbenen Kinder Ausdruck – sie sind der Anlass dafür, dass die Familien sich auf den Weg gemacht haben – sie werden schmerzlich vermisst – ihre Plätze im Leben bleiben leer...

Für jedes verstorbene Kind wird ein Mini-Liegestuhl mit Namen und Alter beschriftet und oft auch mit einem Symbol für das Kind bemalt – liebevoll und ausdauernd widmen sich die Familien dieser Form des Gedenkens. Die Namen der Verstorbenen leuchten auf der gelben Leinenbespannung der kleinen Stühle – sichtbar für alle, die in ihrem Umfeld zu Hause allzuoft darunter leiden, dass das tote Kind keinen Platz in ihrem Leben haben darf.

Was dann geschieht, kann man nur als „heilige Handlung“ beschreiben: In einer Prozession bewegen sich die Teilnehmer und das gesamte Team von dem großen Begrüßungsraum hinüber in die Kapelle. Allen voran die 40 Kinder und Jugendlichen, die ihr bemaltes

Die kleinen Stühle werden zum Symbol für den leeren Platz in der Familie.

und beschriftetes Tuch tragen – jede/jeder findet ein Zipfelchen zum Anfassen – auf dem sie sich und ihren eigenen Platz „verewigt" haben. Hinter ihnen gehen die Mütter und Väter, die behutsam und zärtlich die kleinen Liegestühle in den Händen halten – das Symbol für ihr verstorbenes Kind, für den leeren Platz. Teammitglieder tragen die große Kerze und den Blumenstrauß aus der Mitte. In der Kapelle legen die Geschwister ihr Tuch über den runden Altar. Damit stehen sie auch hier im Zentrum, ihnen gebührt der wichtigste Platz und gleichsam bringen sie sich und ihre Last, ihre Klage und ihre Trauer vor Gott – auch, wenn dies nicht explizit benannt wird.

„Wenn ich schon nicht den Sinn meines Leidens kenne, so kenne ich doch den, der diesen Sinn kennt.“
(Helmut Thielicke)

Als auch die kleinen Stühle von den Eltern auf den Altar gestellt worden sind und alle Teilnehmer einen Platz, ihren Platz auf den Stühlen in der Kapelle gefunden haben (auch hier offenbart sich das Tagungsthema: den eigenen Platz finden... Respekt vor dem Unbewußten!), kehrt Stille ein. Stille, in der sich die Anwesenden – Lebende und Tote – verbinden mit dem Ort, dem Raum, den Menschen.

Die Zuordnung der Seminarteilnehmer in die einzelnen Gruppen ist schon mit der Anmeldung erfolgt. Hier in der Kapelle stellt sich jedes Teammitglied kurz vor und lädt die Geschwister, Mütter und Väter namentlich in die jeweilige Gruppe ein und begleitet sie in die verschiedenen Gruppenräume. Die Arbeit in den Gruppen beginnt...

Im Verlauf des Wochenendes entfaltet sich in den Gruppenprozessen und in Einzelarbeiten auf vielfältige Weise das Thema. Beim Malen, Schreiben und Erzählen – im Hinhören, im Gestalten mit Ton und im Schweigen – durch Musik, Imagination und Körperarbeit – bei Spaziergängen in der Natur und den abendlichen Andachten in der Kapelle geht es darum, den eigenen Standort zu finden im Kontext des Tagungsthemas: Wo befinde ich mich zur Zeit auf meinem Trauerweg? Wo ist der Ort, der Platz, an dem ich trauern kann? Und wie finde ich den Raum und Platz dazu in mir – in meinem Alltag? Welchen „Stand" habe ich mit meiner Trauer – in der Familie, am Arbeitsplatz, in der Gesellschaft? Und auf welchem Grund stehe ich, worauf „gründet" sich, was mein verletztes Herz „nährt und speist"?

Nach der Wahrnehmung der eigenen Situation und Befindlichkeit in der Trauer lenken die Teamer die Aufmerksamkeit der Mütter und Väter auf die Geschwisterkinder, die mit ihnen zu diesem Wochenende gekommen sind. Die Eltern erhalten die Möglichkeit, sich intensiv mit der Tochter, dem Sohn zu beschäftigen, während diese in ihren eigenen

Gruppen arbeiten, wo sie in Kontakt kommen mit ihren Gefühlen von Traurigkeit, Schmerz und Wut und daneben auch viel Freude miteinander teilen und die Erfahrung, dass das Lachen auch in der Trauer seinen Platz hat.

In einem intimen Gespräch zu zweit (jeweils zwei Personen, die sich noch nicht kennen) stellen sich Mütter und Väter gegenseitig das Kind vor, das in der Parallelgruppe der Geschwister ist und mit dem sie am Ende des Seminars ein Begegnungsritual haben werden. Der jeweilige Gesprächspartner kann durch einfühlsames und interessiertes Nachfragen die Persönlichkeitsbeschreibung des Kindes erweitern und konkretisieren. Der Erzähler vergegenwärtigt sich in der Beschreibung die Einzigartigkeit des überlebenden Geschwisters, seine Not in der Trauer und seine Lebenskraft. Und oft geschieht hier zum ersten Mal eine bewußte Auseinandersetzung, manchmal auch Konfrontation, mit der Situation, dass trauernde Geschwisterkinder „aus dem Blick" geraten und im Extremfall gar ganz aus dem (Familien-) Rahmen fallen.

Wie so oft finden wir auch zu dem Lebenszustand „Trauer in der Familie" eine Entsprechung, einen Ausdruck, ein Bild in der Kunst.

Der Worpsweder Maler Fritz Mackensen schuf 1896 das abgebildete Gemälde „Die trauernde Familie“

Wie im „richtigen Leben“ ist das tote Kind im Vordergrund und zieht die Blicke an, bündelt die Aufmerksamkeit des Betrachters und nimmt beinahe die Hälfte des Gesamtplatzes auf dem Bild und damit in dem Familiengefüge ein. Die obere Hälfte wird zu Zweidritteln von den trauernden Eltern ausgefüllt. Sie sind gut sichtbar, Schmerz und Leid haben viel Raum. Die bleiche Gesichtsfarbe der Mutter ist eine Entsprechung zu dem hellen Totenkleidchen und Sargkissen des gestorbenen Kindes und mag die besondere Verbindung von Mutter und Kind symbolisieren. Sie findet zudem eine Fortsetzung in der fast weißen Hand der Mutter, die das Kissen des aufgebahrten Kindes berührt. Die Mutter steht am Kopfende der Aufbahrungsszene, das tote Kind in dem kleinen Sarg ist in Richtung des Mutterschosses gezeichnet, wenn man der Linie von rechts unten nach links oben folgt. Der Vater steht in seiner ganzen Größe in der Mitte des Bildes mit gesenktem Kopf und Blick; sein Gesichtsausdruck ist von tiefem Leid und Kummer geprägt; die Hände hält er

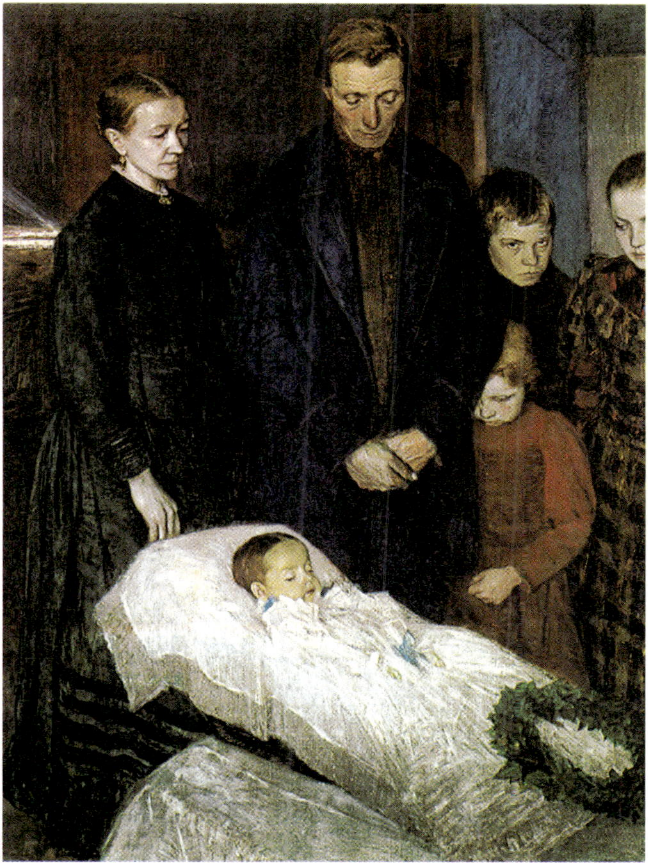

Die trauernde Familie
(Fritz Mackensen)

verschränkt vor seinem Schoß. Die Geste und Körperhaltung mag seine Ohnmacht und Hilflosigkeit ausdrücken: Dem Mann, dem Vater, dem Erzeuger ist es nicht gelungen, das eigene Kind vor dem Tod zu bewahren. Die Figur des Vaters trennt Mutter und Kinder auf dem Bild, und gleichsam suchen alle Schutz bei ihm. Mit seinem rechten Arm verdeckt er ein wenig seine Frau und schirmt sie damit ab vor den Kindern: Sie kann ganz „eins sein" mit dem verstorbenen Kind. In dem verbleibenden Drittel der oberen Hälfte müssen drei Geschwister Platz haben. Sie sind sozusagen an den Rand gestellt. Das jüngste Kind versteckt sich hinter dem Vater, sucht vielleicht seinen Schutz und wagt nicht den Blick auf das tote Kind. Der Bruder hinter der Kleinen schaut dem Betrachter des Bildes direkt ins Gesicht, ernst und beinahe anklagend. Das große Mädchen rechts ist nur zur Hälfte im Bild – wie auch Geschwister oft wirklich nicht recht „im Bilde" sind über die Todesumstände des verstorbenen Kindes. Sozusagen mit einem Auge riskiert es die Begegnung mit dem Tod, scheu und verhalten ist sein Ausdruck.

Auch wenn dieses beeindruckende Kunstwerk über 100 Jahre alt ist, so spiegelt es doch in vielem die „Platzanweisung“ wieder, die unsere Gesellschaft bis heute einer trauernden Familie und ihren einzelnen Mitgliedern zuweist.

In unseren Seminaren nehmen die Eltern ihre lebenden Kinder bewußt „in den Blick“, indem sie zum Beispiel eine Collage für sie erstellen, die in Bild, Wort und Farbe all das aussagt, was im Alltag oft ungesagt bleibt – eine Liebeserklärung an die Tochter, an den Sohn... Oder sie schreiben einen Brief an das Kind, das um Schwester oder Bruder trauert, in dem sie von ihrer Wertschätzung und Liebe, von ihren Versagensängsten und Schuldgefühlen schreiben, von der Hoffnung auf Veränderung und der Zusicherung, dass sie ihr lebendes Kind ebenso lieben wie das tote...

In mehreren aufeinander abgestimmten und aufbauenden Schritten und mit verschiedenen gestalterischen Methoden unterstützen wir die Eltern dabei, den Geschwisterkindern den ihnen gebührenden Platz im „Familienrahmen“ zu geben.

Aus der Gruppenarbeit mit den Geschwistern, die eine fortwährende Bindung an

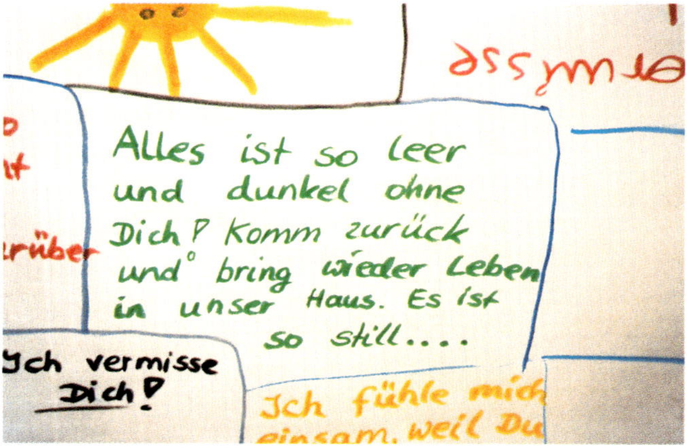

Die Klage der trauernden Geschwister findet ihren Ausdruck...

Schwester und Bruder auch nach deren Tod bewahren, stellen wir an dieser Stelle zwei Bilder vor.

Auch die ganz Kleinen in der Geschwisterbetreuung nehmen – mit vielen „Sensoren“ ausgestattet – alle atmosphärischen Stimmungen und Befindlichkeiten in der Familie nach dem Tod eines Kindes auf. Wir erlebten einmal ein drei Monate junges Zwillingsbaby, das tief traurig und kläglich – fast ohne Pause – um den Zwillingsbruder, der am Plötzlichen Kindstod gestorben war, weinte.

Die vielfältigen Beobachtungen und Wahrnehmungen, die wir mit trauernden Kindern

...wer ist wo?

und Jugendlichen machten, veranlassten uns, nach zehnjähriger Seminarerfahrung Mitte der 90er Jahre ein Konzept für trauernde Familien zu entwickeln, in dem die Geschwisterkinder einen besonderen Platz einnehmen. Eltern und Kinder arbeiten in getrennten Gruppen, mit denen am Ende des Seminars eine Begegnung und ein Austausch stattfinden. Die Teamer der Elterngruppe und die der entsprechenden Kindergruppe bzw. die der Jugendlichengruppe sind während des gesamten Wochenendes in den Arbeitspausen der Gruppen im Kontakt und Gespräch miteinander über die Entwicklungsprozesse und bilden damit ein eigenes kleines Team. Sie treffen Absprachen, diskutieren erforderliche Veränderungen in Struktur und Inhalt der Gruppenbegleitungen, so dass das Begegnungsritual Ergebnis einer organisch gewachsenen Entwicklung ist.

Das Gesamtteam trifft sich jeweils am Freitag und Sonnabend spätabends zur Besprechung und Reflektion der bis dahin geleisteten Seminararbeit.

Ein für die Eltern wichtiges und bedeutendes Angebot im Verlauf unserer Seminare ist der Elternabend am Samstag, zu dem die Leiter der Kinder- und Jugendlichengruppen einladen. In Einzelgesprächen oder in Kleingruppen können alle Fragen bewegt werden. Oft erfahren die Eltern, dass sich ihre Kinder ganz angemessen oder „normal“ verhalten. Das gibt ihnen Sicherheit im weiteren Umgang miteinander. Manchmal können Hinweise oder Empfehlungen für eine Einzeltherapie die Eltern entlasten.

In den Gruppenraum der 13- bis 17-jährigen Jugendlichen wird die entsprechende Elterngruppe gemeinsam eingeladen. Die Mütter und Väter geben uns häufig die Rückmeldung, dass dieser Elternabend zu den kostbaren Geschenken des Seminars zählt. Die beiden Teamer der Jugendlichengruppe nehmen die Eltern auf eine Reise durch die Trauer ihrer Kinder mit, indem sie die einzelnen Arbeitsschritte erläutern und die daraus entstandenen Zeichnungen, Texte und Gestaltarbeiten vorstellen – ohne sie namentlich zu benennen. Die Jugendlichen haben vor dem Elternabend entschieden, was in dem Gruppenraum sichtbar liegen bleibt oder an den Wänden hängt. Das, was den Augen und Ohren der Eltern verschlossen bleiben soll, wird selbstverständlich nicht gezeigt. Das Geheimnis in dieser Arbeit ist, dass die Intimsphäre der Jugendlichen respektiert und geschützt ist und dass sie sich darauf immer verlassen können. Dadurch ist es ihnen möglich, sich selbst ein Stück weit zu ver-lassen, sich aus ihrem Kokon der Trauer heraus zu wagen und sich zu öffnen im Miteinander von Gleichaltrigen und in der persönlichen Zuwendung der Teamer.

Sonntagmorgen in Segeberg: Die Mütter und Väter der Jugendlichen und die beiden Teamer dieser Elterngruppe haben sich vor dem Raum ihrer Kinder versammelt und innerlich ge-sammelt in Vorbereitung auf das

Ritual der Begegnung. Sie sind ein wenig aufgeregt, vielleicht auch ängstlich – die Vorfreude auf das gemeinsame Treffen verbreitet eine fast feierliche Atmosphäre. Sie sind eingeladen, ihre Töchter und Söhne zu besuchen und halten ein liebevoll vorbereitetes Geschenk für sie in den Händen: Der Brief, den sie ihrem Kind geschrieben haben, liegt in einer sorgsam gestalteten Mappe aus Tonpapier. Auf einem Deckblatt steht in leuchtenden Farben der Name des Kindes. Voller Hingabe hatten sich die Eltern in ihrer Gruppenarbeit dem Bemalen und Gestalten der Mappen gewidmet. Zum Verschließen der gelochten Blätter wurden Blütenzweige, Federn, Bänder oder Blumen „hindurch gefädelt" – zauberhaft anzusehen. Durch die Glastür sieht man die Jugendlichen in ihrem Raum hin- und herhuschen: Sie sind in den letzten Vorbereitungen für das Begegnungsritual. Endlich öffnet sich die Tür, und die Gruppenleiter heißen die Eltern willkommen. Der Einzug wird von leiser Musik begleitet. Vor der Rückwand des Raumes hocken 18 Jugendliche im Schneidersitz auf Wolldecken, manche haben sich aneinander gelehnt, sie schweigen oder tuscheln, ab und an ist ein verlegenes leises Lachen zu hören. Die Eltern sind tief berührt vom Anblick ihrer Kinder, einige Tränen fließen – sicher auch aus Dankbarkeit, dass es diese wunderbaren Geschöpfe gibt. Auf der den Jugendlichen gegenüberliegenden Seite suchen sich die Eltern ihre Plätze auf den Wolldecken am Boden. Die Teamer lesen Texte zur Einleitung und finden Worte der Erklärung: „Eure Kinder haben sich an diesem Wochenende mit sich selbst und ihrer Trauer und mit den anderen in der Gruppe auseinander gesetzt. Und sie haben sich mit Euch Eltern beschäftigt, während Ihr in Eurer Gruppe versucht habt, Euch dem Fühlen, Denken und Handeln Eurer Kinder anzunähern und Euch damit vertraut zu machen. Unsere Begegnung hier bietet die Gelegenheit, das Bemühen umeinander zum Ausdruck zu bringen und sichtbar werden zu lassen. Sucht Euch einfach einmal im Blickkontakt – findet Euch mit den Augen und nehmt Euch gegenseitig wahr. Das ist Eure Mutter, Euer Vater – auch wenn sie Euch manchmal nerven in Sorge um Euch: Es gibt keine anderen. Sie sind einmalig. Und das ist Eure Tochter, Euer Sohn – auch wenn sie manchmal schwer zu verstehen sind auf der Suche nach ihrem eigenen Weg: Es gibt keine anderen. Sie sind ein Geschenk an Euch, einmalig, Unikate..."

In sorgsam angeleiteten Schritten kommen sich Eltern und Kinder behutsam näher. Zunächst stehen alle Teilnehmer von ihren Wolldecken auf und nehmen sich über die Distanz des Raumes hinweg wahr. Danach gehen sie langsam aufeinander zu, dreimal unterbrochen von einem Still-Stand, in dem alle nachspüren können, wie dieses bewußte Aufeinander-Zugehen sich in ihnen anfühlt. Die Teamer finden Worte für die Unterbrechung, den Stillstand und für die Zusammenhänge zwischen dem Geschehen hier und den Erfahrungen in der Trauer: „Manchmal ‚geht es gut voran' auf dem Weg und in der Begegnung von Eltern und Kindern, manchmal gibt es Stillstand, Unterbrechung, Hindernisse oder auch Blockaden auf dem Trauerweg und in den Familienbeziehungen."

Über eine halbe Stunde vergeht, bis die Eltern und die Jugendlichen die räumliche Distanz – und die innere – überwunden haben (das hat auch zu tun mit Verwundungen, die auf beiden Seiten vorhanden sind) und beieinander stehen. Die Nähe zueinander drücken sie entsprechend ihren Möglichkeiten und Gewohnheiten aus: Sie halten sich an den Händen, umarmen sich oder berühren sich nur sanft an den Schultern und – sie haben Zeit, die (neue) Nähe miteinander auszukosten... Nach einer Weile werden die Familien eingeladen, sich einen Platz zu suchen – jede Familie ihren eigenen, an dem sie sich ihre vorbereiteten Geschenke überreichen können. Die Jugendlichen hatten in ihrer Gruppenarbeit „Wunschzettel“ an die Eltern geschrieben. Darin geht es nicht um Wünsche, die bezahlbar sind, sondern um solche, die den Kontakt miteinander fördern oder gar erst herstellen; wie zum Beispiel gemeinsame Unternehmungen, gute Gespräche, oder der Wunsch, ein bestimmtes Verhalten abzulegen, zu verändern oder es zumindest zu erklären. Den Teamern sind die „Wunschzettel“ nicht bekannt, so dass auch lang gehegte, bis dahin geheime Wünsche aufgeschrieben werden konnten.

Das Bild, das sich jetzt zeigt, ist bewegend und Ergebnis einer intensiven und anstrengenden Arbeit: Die Familien haben sich mit den Wolldecken, auf denen sie sitzen, kleine „Inseln“ geschaffen – verteilt im Raum und im

Freien auf dem großen Rasen vor der Terrasse. Die Jugendlichen lesen den Brief der Eltern, die Mütter und Väter die „Wunschzettel“ ihrer Kinder – sie reden miteinander, schweigen, weinen und lachen...

> *Wer einen Dialog mit der Jugend führen will, muss sich herablassen, herabneigen, von sich absehen, sich zuwenden und zuneigen - - - streiten, essen, Pläne machen, einander an die Hand nehmen und umarmen - - -*
> (Hanns Dieter Hüsch)

In allen Eltern- und Kindergruppen findet zur selben Zeit ein Begegnungsritual statt, das die Teamer mit Liebe und Sorgfalt zusammen mit den großen und kleinen Teilnehmern vorbereitet haben. Die hier gesammelten Erfahrungen sind häufig Wegbereiter für eine bewusstere Wahrnehmung in den Familien, aus der sich ein anderer Umgang miteinander ergeben kann.

Nach einer längeren Pause treffen sich alle Seminargäste und das Gesamtteam in der Kapelle zum gemeinsamen Abschlussritual – wie auch der Beginn der Tagung mit allen zusammen gestaltet worden war. Damit wird

Sonnenstrahlen bringen die kleinen Stühle zum Leuchten.

die Brücke gebaut, die Beginn und Abschluss, Anfang und Ende miteinander verbindet. Ein Höhepunkt ist immer der „Einzug der Kleinen“ mit ihren Gruppenleitern. Mit Gitarrenbegleitung ziehen sie singend mehrmals ihre Kreise um den Altar und geben den Rhythmus mit Schlaginstrumenten an – so, wie sie oft auch in den Familien „den Ton angeben“ und vernachlässigtes Leben neu „zum Klingen bringen“. Sie repräsentieren die Zukunft, auch – und gerade – in der Trauer.

In dem nun folgenden Abschlussgottesdienst wird wie zu Beginn das Tagungsthema „Der leere Stuhl“, der nun ein besetzter Platz ist und einen Namen hat *(Ich habe dich bei deinem Namen gerufen, Jesaja 43,1)*, aufgenommen und im Rückblick auf das Seminar und im Gebet benannt. Die Familien treten, nachdem der Name des verstorbenen Kindes gelesen wurde, in kleinen Gruppen an den Altar, zünden ein Licht im Gedenken an die Verstorbenen an und stellen es zu den kleinen Liegestühlen auf das Tuch, das die Geschwister bemalt haben. In der Anordnung auf dem Altar ist eine tiefe Symbolik verborgen: Die Stühle der verstorbenen Kinder stehen auf dem Geschwistertuch. Die Toten lasten auf den Lebenden. Die Geschwister tragen die Last ihrer Brüder und Schwestern und die Bürde, mit diesem Tod ihre Gegenwart und Zukunft leben zu müssen.

Das Erinnerungsritual ist gestaltet worden, was sich aber gleichzeitig ereignet, ist nicht „zu machen" – es geschieht in einem größeren Zusammenhang, in dessen Geist all unser Tun und Handeln gestellt ist. Zeitgleich mit dem Vorlesen der Namen all der geliebten verstorbenen Menschen bricht der bis dahin verhangene Himmel auf und schickt seine Sonnenstrahlen durch das große Fenster der Kapelle zum Altar, so dass die gelben kleinen Stühle zu leuchten beginnen und das Geschwistertuch mit der Lebenskraft der Sonne seine „güldene“ Farbe erst richtig entfalten kann...

Zu Beginn des Seminars am Freitag standen die Geschwister im Mittelpunkt des Rituals, und mit ihnen beenden wir auch dieses Wochenende. Die Mütter und Väter sind eingeladen, ein buntes Licht, das sich durch die Farbigkeit von den weißen Gedenkkerzen für die Verstorbenen unterscheidet, für die Geschwisterkinder anzuzünden. Sie nennen den Namen ihres Kindes („Dieses Licht zünde ich an für...“) und bringen es dann zu dem Platz, auf dem das Kind in der Kapelle sitzt. Diese bewußte *Handlung* impliziert auch eine *Haltung*: Ich nehme dich wahr, ich nenne dich bei deinem Namen, und ich mache mich auf den Weg zu dir... ich komme zu dir, um dir zu begegnen, um dir nah zu sein. Du bist ein Licht für mich.

Vor längerer Zeit, als wir mit dem Ritual des Kerzenanzündens für die lebenden Geschwister begannen, sagte ein 7-jähriger in der Kapelle: „Endlich – endlich wird auch mal für mich eine Kerze angezündet und nicht immer nur für meinen toten Bruder!“

Stand am Anfang des Seminars die Prozession in die Kapelle – allen voran die Geschwister –, so endet die Tagung mit der Prozession aus der Kapelle heraus – allen voran die Geschwister mit ihren bunten Lebenslichtern! Als eigene Generation und „Zeugen" des Lebensflusses (Generation, lat. = Zeugung) sorgen sie dafür, dass aus dem Gedenken in der Kapelle nicht ein Verharren wird, sondern ein Erinnern, das in das pulsierende Leben hinausgetragen wird.

Mit einem Reisesegen werden Eltern und Geschwister in einem großen Kreis im Foyer verabschiedet und auf den Weg zurück in den Alltag vorbereitet. Wir reichen den Trauernden dazu symbolisch eine Wegzehrung: gebrochenes Brot, das für die Nahrung steht, die sie an dem Wochenende erhalten haben und die ihnen Kraft geben möge für das Kommende.

Auf der Rückfahrt von Bad Segeberg – erschöpft wie immer nach einem Trauerseminar – diskutieren und reflektieren wir im Auto das Seminargeschehen. An der Autobahnausfahrt steht nach wie vor der Riesenstuhl, der leere Platz... Welche Fülle liegt zwischen diesen beiden Begegnungen mit dem großen Holzstuhl!

Am Anfang des Buches sprachen wir von einem besonderen „Geist“, der unsere Arbeit begleitet.

Im Prozess des Schreibens wird uns immer wieder von Neuem bewusst, wieviel tiefgründige Wahrheit sich dahinter verbirgt und wie vielschichtig unsere Arbeit ist.

Wir erzählen in diesem Kapitel davon, wie die Geschwister beim Abschluss des Seminars die Teilnehmer aus der Kapelle herausführen in das Foyer und wie Gedenken und pulsierendes fortschreitendes Leben gleichermaßen ihren Platz haben.

Es waren die trauernden Kinder und Jugendlichen, die durch einen spontanen Impuls dazu beitrugen, unser Abschlussritual zu verändern: Reisesegen und Verabschiedung fanden früher in der Kapelle statt, wurden jetzt aber mit dem von den Geschwistern angeführten Auszug in das Foyer verlegt.

Und dort gehören sie auch hin, denn die Kapelle ist ein Ort des Bewahrens, des Aufbewahrens und das Foyer der Ort des Entfachens, wie wir von Lutz Mackensen erfahren: Kapelle geht zurück auf capella (lat.) = Mäntelchen (gemeint ist der Mantel des hl. Martin von Tours) und dessen Aufbewahrungsort (ab

800 n. Chr. jeder gottesdienstliche Raum); Foyer (franz.) entstammt focare (lat.) = entfachen, ist also der Ort des Entfachens.

Aufbewahren und Entfachen – bewahren und in Gang setzen – fanden ihre Entsprechung in den ihnen ent-sprechen-den Orten. Für beides wurde intuitiv ein eigener Platz gefunden in unserem Seminar, und es verwirklichte sich auch hier das Thema: „Den eigenen Platz finden".

Farben des Frühlings – Farben der Trauer

Das Herz gibt allem, was der Mensch sieht, hört und weiß, die Farbe. (J.H. Pestalozzi)

Wenn der Frühling Einzug hält, liegt etwas in der Luft... Veränderung ist zu spüren, zu hören, zu sehen und zu riechen:

- Die Luft füllt sich mit Tönen, Vögel finden ihre Lieder
- Das Licht verändert sich, die Tage werden länger
- Die Schwere des Winters weicht, Frühling entfaltet sich
- Knospen brechen auf und Farben werden sichtbar

All das nehmen Menschen in Trauer oft nicht wahr. Die Welt zeigt sich grau und schwer, farb- und klanglos, der Frühling läßt sich nicht entdecken. Die Farben der Trauer umhüllen die Farben des Frühlings – sie legen sich auf die Seele und verhüllen jenen Ort in uns, der ein wenig ahnen lässt, wie sich Frühling in der Trauer anfühlt.

Trauernde Menschen erzählen immer wieder von den ambivalenten Gefühlen, die der

Frühling in ihnen auslöst: In der Natur will alles keimen und wachsen, sich erneuern, lebendig werden und Farbe zeigen, während in den Herzen der Trauernden Schmerz und Verzweiflung, Stillstand und Trostlosigkeit beheimatet sind. Die Farben des Frühlings korrespondieren nicht mit dem inneren Fühlen der Trauernden. Was ihre Herzen lähmt und bewegt, findet „im Außen“ keine Entsprechung. Und oft ist November mitten im Frühling... wie die Autorin Antje Sabine Naegeli schreibt:

November
Manchmal ist November in dir,
mitten im Sommer gehen die Farben verloren,
kriecht die Kälte an dir hoch.
Manchmal schleicht sich das Licht davon
mitten am Tag, Worte welken,
und die schwarze Krähe Trauer
setzt sich schwer auf deine Schulter.

November raubt uns das Licht.
Allerorten das große Welken.
Dennoch blüht eine Rose mir Trost zu.

In dem Anfangsritual unseres Trauerseminars „Farben des Frühlings – Farben der Trauer“ haben wir ein traditionelles Ritual „wiederbelebt“, es sozusagen aus dem Winterschlaf in das Licht des Frühlings gebracht: In einem großen Kreis lagen viele verschiedene Frühlingszweige (Forsythien-, Kirsch- und Birkenzweige). Einen zweiten äußeren Kreis bildeten Satinbänder in verschiedenen Farben, auf die die Teilnehmer die Namen der Verstorbenen schrieben. Jeder suchte sich einen Zweig aus, an den das Band geknüpft wurde. In Würdigung und im Gedenken an die geliebten Verstorbenen wurden die Zweige in einer Prozession in die Kapelle getragen und dort in ein großes Gefäß in die Mitte der Teilnehmer und in den Mittelpunkt vor Gott gebracht.

Auch im fernen Tibet knüpfen Gläubige weiße Bänder an die Zweige von Bäumen, um ihre Verbindung zur geistigen Welt herzustellen und sichtbar zu machen. Und im Nahen Osten begegnen wir dem gleichen Ritual vor einer Felsgrotte, die der Heiligen Maria gewidmet ist; hier verknüpfen die Menschen ihre Wünsche an die Mutter Gottes mit ihren Bändern. Mit dem Ritual des Bänder-Bindens schaffen wir sichtbare Ver-bind-ungen oder machen Verbindungen sichtbar. Beide Aspekte verwirklichten sich in unserem Ritual, das sowohl die Verbindung des Trauernden zum Verstorbenen sichtbar werden ließ wie auch eine Verbindung der Trauernden untereinander schuf, denn alle Zweige waren vereint in einem Gefäß und tranken von derselben Wasserquelle.

Vor Gott gebracht in der Kapelle wurden in diesem Ritual die Klage der Trauernden, aber auch die Anklage, wie Gott all das zulassen kann, was Trauernden widerfährt.

Klagen und anklagen zu dürfen, sein zu dürfen wie wir sind, dem wollten wir auch an diesem Wochenende Raum geben.

In Zweige geknüpfte Bänder können zu einer besonderen Botschaft werden: Willkommen zu sein mit allem, was zu mir gehört – mit meinem Schmerz und meiner Verzweiflung, mit meinen Möglichkeiten und meinen Begrenzungen, mit meiner Schuld und meinem Versagen, mit meiner Liebe und meiner Sehnsucht, mit meiner Trauer und meiner Erinnerung.

Eine alte Geschichte erzählt von dieser Botschaft.

„Zwei Männer sitzen sich im Zug gegenüber. Der Jüngere ist sichtlich angespannt und nervös. Der Ältere versucht behutsam ein Gespräch. Nach einigen Sätzen bricht es plötzlich aus dem jungen Mann heraus: „Ich war längere Zeit im Gefängnis. Ich habe durch meinen unguten Lebenswandel mein Leben zerstört und meine Eltern bis an den Rand der Verzweiflung gebracht. Nun fahre ich nach Hause. Aber ich kann nicht erwarten, dass meine Eltern mir einfach verzeihen und mich wieder aufnehmen. Darum habe ich sie im letzten Brief um ein Zeichen gebeten. Unser Haus liegt an dieser Bahnlinie. Im Garten steht ein großer Apfelbaum. Wenn ich nach Hause kommen darf, sollen meine Eltern in den Baum ein weißes Leinentuch hängen. Wenn der Baum leer bleibt, weiß ich Bescheid und fahre irgendwohin. Jetzt kommt bald der Garten. Ich bin so aufgeregt und mag gar nicht hinausschauen. Wollen Sie es für mich tun?“ Der ältere Mann schaut hinaus. Die Spannung steigt. Da kommt der Garten. Der Apfelbaum ist über und über mit weißen Tüchern behängt…“ (Axel Kühner)

In unserem Seminar symbolisierte das Ritual mit den bunten Bändern, dass jeder Teilnehmer willkommen ist mit allem, was er mitbringt und was zu ihm gehört: Willkommen bist du, Mensch – mit deiner Verwundung, mit deiner Trauer und mit deinem *unverlierbaren Toten*, mit deiner und seiner Geschichte. Willkommen bist du, Mensch – du und dein *bleibender intimer Ergänzer.*

Das alte, „wiederbelebte“ Ritual übermittelt eine Botschaft von denen, die es anbieten, an die Menschen, die es gestalten und es mit Inhalt und Sinn füllen – die Botschaft ist: Hier ist ein Ort, an dem alle „Heimrecht“ haben, die Lebenden und die Toten.

Nach dem gemeinsamen Anfang begaben sich die Teilnehmer auch in diesem Trauerseminar in ihre jeweiligen Gruppen, die sie schon mit ihrer Anmeldung gewählt hatten.

Das Thema des Verbindens wurde in der Gruppenarbeit fortgeführt mit der „Lebensmelodie“, einer ganz besonderen Form von „Bindungsarbeit“, die eine erstaunliche Tiefenwirkung auf das Leben trauernder Menschen hat.

Jeder Verstorbene hinterlässt Spuren im Leben der um ihn Trauernden – seine „Lebensmelodie“ klingt auch nach dem Tod weiter in den Menschen, die ihm nahe waren und bleiben. In unseren Trauerseminaren ermutigen wir die Teilnehmer – entgegen allen Rat- „Schlägen“ in ihrer Umgebung –

der Botschaft des Herzens zu folgen und die Lebensmelodie des Verstorbenen in das eigene Leben zu integrieren. Wir vertreten nicht die in unserer Gesellschaft vorherrschende Meinung und Haltung, dass die Trauernden „loslassen“ müssen, sondern bestätigen sie im „Behalten-Dürfen“. Damit erleben wir Erstaunliches: Die Trauernden fühlen sich angenommen und verstanden, weil wir ihnen signalisieren, dass sie „in Ordnung“ und im Einklang sind mit dem, was sie fühlen und denken. Sie erleben dadurch, dass sie sich auf ihre Intuition und auf ihre Gefühlswelt verlassen können und sich nicht selbst ver-lassen müssen, um dem Anspruch ihrer Umgebung (nämlich: endlich loszulassen...) zu entsprechen. Indem wir ihnen gewissermaßen sagen: „Mensch, ändere dich nicht!“ geschieht Veränderung.

Aus der Gewissheit heraus, dass alles, was der Trauernde fühlt und denkt, richtig ist (wer, wenn nicht er selber, wollte das auch bewerten und beurteilen können), kann er erste Schritte in der veränderten Lebenswelt wagen.

Den Begriff „Lebensmelodie“ hat Dr. Max Schupbach aus Oregon/USA geprägt. Als Vertreter der Prozessorientierten Psychologie geht er davon aus, dass alles bedeutungsvoll ist und eine Krise ihre Lösung selbst enthält. Die Aufmerksamkeit wird auf die Körpererfahrung, Träume, Kommunikationsweisen und Beziehungsprozesse der Betroffenen gelenkt, wodurch die Prozessarbeit Wege bewusster und erweiterter Erfahrung in der Trauer erschließt.

Wenn wir davon ausgehen, dass der Beziehungsprozess zwischen zwei Menschen auch nach dem Tod des einen weiter besteht (und unsere jahrelange Begleitung trauernder Menschen bestätigt diese Annahme), dann können wir Trauernde darin unterstützen, diese Beziehung schöpferisch zu gestalten. Die Lebensmelodie des Verstorbenen birgt in ihrer Essenz eine Botschaft an den Lebenden in sich – einen Impuls, dem eigenen Leben eine neue Richtung, eine neue Farbe zu geben.

In dem Seminar „Farben des Frühlings – Farben der Trauer" haben wir die Teilnehmer eingeladen, auf besonderem Notenpapier die Lebensmelodie des geliebten Verstorbenen aufzuschreiben. Als anregende Hilfe für diese Arbeit dienten Fragen, wie zum Beispiel: Welche besonderen Eigenschaften hatte der Mensch, der gestorben ist? Wie haben sich die Eigenschaften in seinem und meinem Leben ausgewirkt? Welche Botschaft hat er damit in die Welt gebracht? Wie und wo können Teile davon in meinem Leben „belebt“ werden?

In einer „Autorenlesung“, bei der jeder Trauernde einzeln nach vorn an ein kleines Rednerpult zum Lesen ging, wurden die Lebensmelodien den anderen Teilnehmern vorgestellt. Jede einzelne Lesung wurde zu einem Premierenerlebnis mit allen dazugehörenden Spannungen, Aufregungen und – dem Applaus am Ende. Die Arbeit jedes Einzelnen mit der daraus gewonnenen Erkenntnis für das eigene zukünftige Leben und die Lebensmelodie jedes Verstorbenen erfuhren dadurch in besonderer Weise Achtung und Würdigung.

Die Lebensmelodie des Verstorbenen in die eigene Wirklichkeit zu integrieren, bedeutet nicht, *seine* Identität anzunehmen, sondern die eigene Persönlichkeit durch Impulse, die er in unser Leben gebracht hat, zu entfalten, zu vervollständigen und zu bereichern.

Die Arbeit an und mit der Lebensmelodie könnte ein Weg zu einer möglichen Antwort sein auf Fragen, die sich Trauernde als Suchende, Sehnende und Sehende stellen – nicht nur (aber eben auch) im Frühling, wie wir von der Autorin Renate Salzbrenner wissen, die nach dem Tod ihres Sohnes Christian viel gefragt und viel gesagt hat:

Frühling

Überall das zarte Grün
des Frühlings.
Aufbrechende Knospen
in wärmender Sonne,
Tiere, erwacht aus
dem Winterschlaf,
Vögel, zurück aus
dem Süden.
Überall Leben.
Keine Schneedecke
konnte es je
ersticken.
Frühling
um mich herum,
unter mir,
über mir,
Wann wieder
in mir?

Zu keiner anderen Jahreszeit spüren Trauernde die Ambivalenz ihrer Gefühle so stark wie „in den Farben des Frühlings". Sie spüren die Ambivalenz, das Schmerzhafte auszuhalten und dem, was neu werden will, in ihnen Raum zu geben. Die Farben des Frühlings aktivieren die Farben der Trauer und kennzeichnen beide Farbspektren überdeutlich: Das Helle und das Dunkle, das Leichte und das Schwere, das Neue und das Alte – Anfang und Ende.

Das eine mit dem anderen zu verbinden und mit beidem in eine Balance zu kommen, ist *eine kräftezehrende Lebensleistung*, ein Trauer- und Lebensprozess, der tiefen Respekt und Anerkennung verdient. In Demut und Achtung erleben die Autoren – immer wieder neu staunend – die schweren und (ver)wandelbaren Wege von trauernden Menschen, die mit einem Herzen sehen, hören, wissen und fühlen, das mehr Farben kennt als die des Frühlings...

Der zerbrochene Spiegel, das Tagebuch und andere nützliche Dinge

Einfache Rituale gestalten

Der zerbrochene Spiegel drückt aus, was Trauernde erleben: Etwas ist zerbrochen und nichts ist mehr so wie es war.

Wirft ein Spiegel unser ganzes Abbild zurück, so sind im zerbrochenen Spiegel nur noch Teile von uns erkennbar.

Mit dem Tod eines geliebten Menschen erleben wir Ähnliches:

Wenn etwas uns fortgenommen wird,
womit wir tief und wunderbar zusammenhängen,
so ist viel von uns selber fortgenommen.
(Rainer Maria Rilke)

Selbst unser Bemühen, die Scherben eines zerbrochenen Spiegels wieder kunstvoll zusammenzufügen, hinterlässt Risse, die einen zerrissenen Menschen zurückwerfen.

Der Fortgang des Verstorbenen schafft Wunden in unserer Seele, die vielleicht „heilen", aber Narben bleiben allemal zurück.

Der zerbrochene Spiegel kann in der Trauerbegleitung helfen, das, was der Trauernde in seinem Inneren fühlt und erlebt, zu „verbildlichen“.

In einem Ritual können einzelne Scherben mit Symbolen oder Wörtern bemalt oder beschriftet werden, die Gedanken, Gefühle oder Empfindungen ausdrücken.

Möglich ist auch ein umfangreicher Gestaltungsprozess, in dem ein ganzes Bild der Trauer geschaffen wird mit verschiedenen Scherben, die je für einen besonderen Aspekt der Trauer stehen. Die Scherben können wie bei einem Mosaik zusammengefügt oder durch Zwischenräume, die gemalt oder gezeichnet sind, verbunden werden.

Das Tagebuch

Das Tagebuch begleitet viele Menschen in ihrem Leben, und für Schriftsteller ist es ein unentbehrliches Arbeitsmittel. Unzählige Werke wären ohne Tagebuchnotizen niemals geschrieben worden.

Wir führten das Tagebuch in die Trauerbegleitung ein, um den Trauernden den Weg zu erschließen, kostbare Momente, Gedanken, Gefühle, Empfindungen, Beobachtungen und Erfahrungen festzuhalten.

Das Tagebuch als Ritual ist zunächst eingebunden in das Seminarthema und hat seinen festen Platz in der Gruppenmitte.
Einige Anmerkungen zur Gruppenmitte:
Sie sollte ein Juwel jeder Gruppe sein.

In den Trauerseminaren in Bad Segeberg gestalten die Gruppenleiter die Gruppenmitten mit größter Sorgfalt und Aufmerksamkeit. Meist sind sie das Ergebnis eines langen Vorbereitungsprozesses für das Seminar. In einem Kreisen um das Seminarthema kristallisiert sich als Ergebnis in der Regel eine ganz besondere Gestaltung der Gruppenmitte, von denen einige in diesem Buch abgebildet sind. Die Gruppenmitte liegt im Zentrum des Gruppengeschehens – sie fordert auf, sie zieht an, sendet aus, zentriert und inspiriert.

In der Gestaltung der Gruppenmitte wärmen sich die Gruppenleiter für die Gruppe an und finden selbst in der Arbeit immer wieder in ihr einen Ort der „Einkehr", wenn sie mal in der Turbulenz des Gruppengeschehens verloren zu gehen drohen.

Trauernde nehmen die Symbolkraft einer liebevoll gestalteten Gruppenmitte wahr und lassen sie auf sich wirken. „... *den Raum schön gestaltet, so dass eine gewisse Ruhe in diesem Raum*

Jede Gruppenmitte hat ihre besondere Ausstrahlung und Wirkung.

zu spüren war. Ruhe, die mir gut tat und die mich meine Tochter spüren ließ. In der Mitte unseres Kreises waren kunstvoll gestaltete durchkreuzte Lebenswege aus schönen Steinen und Muscheln, symbolisch für unsere durchkreuzten Lebenswege.

Ich fühlte mich in meinen tiefen Leid mit allen betroffenen Eltern tief verbunden und in dieser Gruppe sehr geborgen“, schreibt eine trauernde Mutter.

Die Tagebücher werden von uns selbst hergestellt aus Zeichenkarton. Wir wählen die Farbe für ihren Einband und die Einlageblätter aus und versehen sie auf dem Einband mit einem Bild, das zum Gruppenthema passt.

In der Gruppe „Partnerschaft in der Trauer“ trug das Tagebuch „Zwei Blumensträuße“ von Marc Chagall auf seinem blauen Einband.

Wir legen die Tagebücher als eigenen Kreis um die gestaltete Gruppenmitte.

Jedes Gruppenmitglied nimmt zum Gruppenbeginn ein Tagebuch in seinen Besitz, indem es seinen Namen hineinschreibt und ein Symbol für sich dazu malt. Nach jeder Gruppenarbeit bitten wir die Teilnehmer, ihre Tagebücher aus der Mitte zu sich zu nehmen und das, was für sie in der vergangenen Einheit wichtig war, zu notieren und einen Gedanken, ein Gefühl oder eine Empfindung aufzuschreiben, der oder die in diesem Moment gerade als Licht-Blick präsent ist und festgehalten werden sollte.

Manchmal werden dem Tagebuch auch Geschenke anvertraut wie das Gedicht „Edelsteine“, mit dem wir in der Partnerschafts-Trauergruppe arbeiteten.

Edelsteine

Ich habe deine Tränen gesehen,
gespürt, auch die,
die du nicht geweint.

Wir schleifen uns wie Edelsteine,
Ecken und Kanten reiben einander.
Wir bleiben beieinander,
obwohl es im Moment weh tut.
Andere sagen,
unsere Liebe würde wertvoller.
Andere hätten längst aufgegeben.
Lass deine Tränen in meiner Hand
zu Perlen werden.
(nach Michael Blum)

Nach jeder Eintragung wird das Tagebuch in die Gruppenmitte zurückgelegt. Dort ruht es bis zum Abschluss des nächsten Schrittes, der in und mit der Gruppe gegangen wurde.

Das Tagebuch wird so zu einem eigenen Begleiter, der bereit ist, das aufzunehmen, was wir später wieder „erkennen" möchten (notieren = nôscere = erkennen, n. Mackensen).

Das Tagebuch hilft, im Gruppenprozess immer wieder zu sich selbst zurückzukehren. Wie in der Gruppe die Bewegung vom Einzelnen zur Gruppe und wieder zurück verläuft, so erfährt dieser Ablauf eine Entsprechung im Tagebuch-Ritual, das sich von der Gruppenmitte zum Teilnehmer richtet und von ihm wieder zur Mitte.

Mit dem Abschluss des Trauerseminars begibt sich das Tagebuch mit seinem Besitzer auf die Heimreise und bleibt Träger jener inneren Kostbarkeiten und Ge-heim-nisse, die unser Leben bereichern.

Das Schreiben

„... darum tut uns das Herz weh, wenn wir die von der Hand eines Meisters geschriebenen Zeilen lesen und in ihnen unsere eigenen erkennen, jene zarten Schösslinge, die wir erstickten, weil uns der Glaube an unsere eigenen Kräfte, unser eigenes Kriterium von Wahrheit und Schönheit fehlte. Wenn ein Mensch in sich geht, wenn er verzweifelt ehrlich mit sich selbst wird, ist er imstande, tiefe Wahrheiten auszusprechen. Wir alle entspringen der gleichen Quelle. Am Ursprung der Dinge ist nichts Geheimnisvolles. Wir sind alle Teil der Schöpfung – alle Könige, alle Dichter ...“

Mit diesen Worten ermutigte uns Henry Miller, auf unser Innerstes zu hören und unserer Kreativität zu vertrauen.

Trauernde sind aufs heftigste mit ihrem Inneren konfrontiert; sie haben kaum eine Wahl, sich der Stimme ihrer Seele zu verschließen. Die Gefühlsregungen können so stürmisch sein, dass sie sich nur schwer ersticken lassen wie jene „*zarten Schösslinge*“, von denen Henry Miller spricht und die im gewöhnlichen Alltag tatsächlich eher untergehen.

William Shakespeare forderte uns auf, dem Kummer eine Stimme zu geben:

Gib Worte deinem Schmerz;
Gram, der nicht spricht,
presst das beladene Herz
bis dass es bricht.

Manchmal beginnen Trauernde von sich aus zu schreiben, um dem Seelendruck Luft zu verschaffen.

Wir bieten in unseren Trauergruppen ein einfaches Schreibritual an, das auch bisher im Schreiben ungeübten Trauernden helfen kann, ihrem Inneren schreibend Ausdruck zu verleihen.

Es beruht auf dem Prinzip des freien Assoziierens, das Sigmund Freud mit der Psychoanalyse einführte und welches C. G. Jung weiterentwickelte. Ein Wort, das gerade in den Sinn kommt, wird auf ein Blatt Papier geschrieben. Ohne darüber nachzudenken, was wir schreiben und ohne den Schreibfluss zu unterbrechen, werden alle Wörter, die uns ein- bzw. zufallen, aufgeschrieben. Der Stift verbleibt während des gesamten Prozesses – der nicht weniger als zehn Minuten dauern sollte – auf dem Papier. Entsteht eine Pause, in der kein Wort präsent ist, wird einfach eine Linie geschrieben bis die Wörter wieder fließen.

Wichtig ist der ununterbrochene Fluss des Stiftes auf dem Papier.

Die Wörter sollen keinen Sinn miteinander ergeben, allein der Schreibfluss ist das Ziel.

Sich dieses assoziative Schreiben täglich zu eigen zu machen, fördert den Fluss unserer Gedanken und die Kreativität.

In einem zweiten Schritt liest sich der Schreiber das Geschriebene selbst vor und wählt im dritten Schritt fünf Wörter aus, die ihn besonders an-sprechen.

Diese fünf Wörter werden untereinander geschrieben, und zu jedem Wort wird ein Satz gebildet.

Im nächsten Schritt entsteht eine kurze Geschichte, an deren Anfang einer der fünf Sätze steht; die übrigen vier Sätze werden in den Geschichtsverlauf mit aufgenommen.

In der Trauergruppe wird die Geschichte eine kurze Erzählung über den Verstorbenen sein oder über den Trauernden selbst.

Manchmal entscheiden sich Trauernde dafür, anstelle der Geschichte ein Gedicht oder etwas Märchenhaftes zu schreiben.

Wenn zum Abschluss des Rituals die Geschichten in der Gruppe kreisen, wird eine Tradition wiederbelebt, die in unserer Gesellschaft leider verloren gegangen ist: Das Geschichten-Erzählen über das, was vorgefallen ist oder das, was uns zufällt. (Geschichte = gisciht = Vorfall, Zufall, n. Mackensen)

Trauernde berichten, dass ihnen das assoziative Schreiben gut tut; sie erleben es als „erleichternd" oder gar „befreiend".

Als Ritual im Alltag kann es dazu beitragen „*das beladene Herz*" ein wenig zu ent-lasten.

Der Faden

Der Faden ist die Grundlage jeden Gewebes. Er verbindet, fügt zusammen, verknotet, begrenzt, hält fest, umwickelt und schafft als „roter Faden" Struktur und Orientierung. Wenn wir uns einen Knoten in unser Taschentuch binden, wollen wir an etwas erinnert wer-

In Liebe gewebt – Spuren der Erinnerung

den, was wir auf keinen Fall vergessen möchten.

Die Erinnerung ist das einzige Paradies, aus dem wir nicht vertrieben werden können (Jean Paul). Sie hält unsere Verbindung zu dem Menschen aufrecht, den der Tod uns aus diesem Leben fortgenommen hat. Mit dieser in unserem Inneren lebenden Erinnerung bleiben wir aber allein, wenn wir sie nicht mit anderen teilen, sie mit-teilen können.

Als soziale Wesen sind wir Menschen jedoch auf die Begegnung, den Austausch und das Mitteilen angewiesen.

Die Trauergruppen sind ein Ort, an dem dieses Teilen und Mitteilen gelingt, wie wir im Vorangegangen beschrieben haben.

Ein Ritual, das den Faden als Medium aufgreift, unterstützt den Weg des Sichtbar-Machens des für andere unsichtbaren Inneren und damit das Mit-Teilen. Das Ritual beginnt mit einem Spaziergang in der Natur, die so viel Kostbares für uns bereithält.

Zwei kleinere Äste sind mitzubringen und alle jene Schätze, die wir entdecken, die uns einladen, in ihnen etwas zu erblicken, was die Erinnerung an den Verstorbenen berührt.

Nach unserer Rückkehr schließt sich die gestaltende Arbeit an: Die beiden Äste werden mit Fäden aus kräftiger Wolle oder Sisal verbunden zu einem „Web“rahmen; Faden für Faden verbindet den oberen Zweig mit dem unteren. Nun können wir in diesen Rahmen alle Kostbarkeiten knoten, knüpfen oder weben, die jede ein Symbol für Erinnertes darstellt.

Es entsteht ein „Wandteppich“, der das Unsichtbare sichtbar macht und einlädt zum Betrachten, Befühlen und Besprechen. Und wie unsere Erinnerungen nicht statischer, sondern eher fließender Natur sind, so kann das Gewebte – (weben = sich bewegen, n. Mackensen) – jederzeit weiter gestaltet werden.

Wertvolle Gedanken können zum Beispiel ihren Platz darin finden, indem wir sie aufschreiben, mit einem Faden umwickeln und in den „Wandteppich“ als Botschaft hineinknüpfen.

Immer wieder neu können symbolische Materialien hineingearbeitet werden, so dass ein „Gewirke“ entsteht – eine besondere Wirklichkeit.

Salbei und edle Steine

Die Natur stellt uns vielfältige Wirkkräfte mit ihren Pflanzen und Mineralien bereit, die in der Medizin als heilende Substanzen Anwendung finden.

Der Salbei gilt als Heilpflanze mit umfassenden Möglichkeiten: Er hilft bei verschiedenen Katarrhen, wirkt entzündungshemmend, desinfizierend, zusammenziehend und reguliert nahezu jede Drüsentätigkeit (Kneipp). Sein botanischer Name salvia von lat. salvus = Heil weist auf seine besonderen Fähigkeiten hin.

Ein überliefertes Ritual der nordamerikanischen Stammesgemeinschaften – die Tradition der „Schwitzhütte" –, in dem der Salbei als heil-ige Pflanze eine wichtige Rolle übernimmt, inspirierte uns, den Salbei für ein Ritual in der Trauerbegleitung zu verwenden.

Wir griffen den reinigenden Aspekt dieser besonderen Pflanze auf und führten ihn in das Abschlussritual einer Gruppenarbeit ein.

Wenn ein Trauerseminar zu Ende geht, steht immer auch ein Abschied bevor.

Begreifen wir Trauern als ein fortwährendes Abschiednehmen, so gilt es, dem Abschied in einer Trauergruppe eine besondere Aufmerksamkeit zu schenken.

Mit den Begegnungen in der Gruppe ist eine eigene Gruppengestalt gewachsen und für jeden Einzelnen eine eigene Beziehungswelt.

Der Übergang in den Alltag, in die gewohnten Beziehungsräume steht bevor.

Die Trennung und der Abschied von den Menschen, die wir kennen gelernt haben und an unserem Inneren teilhaben ließen, denen wir uns mitgeteilt und mit denen wir geteilt haben, wollen behutsam vorbereitet und vollzogen werden.

Auch dabei greifen wir gern auf die Rituale als Begleiter zurück, die neben den Trauernden im Zentrum des Buches stehen: Das Ritual *„abgeben"*, was ich nicht mehr gebrauche und wovon ich mich befreien möchte, und *„mitnehmen"*, was ich entdeckt und entwickelt habe, hilft, einen bewussten Abschied in und von der Gruppe zu gestalten.

Nach einer kurzen Meditation, die in der Stille zu einem Gewahr-Sein meiner selbst führt, erinnere ich mich meines Ankommens, der Gruppe und all jener Erlebnisse, Begegnungen, Gedanken, Gefühle und Empfindungen, welche die Zeit in und mit der Gruppe für mich bereithielt.

Ich nehme wahr, was von all dem für mich und meinen Trauerweg besonders wichtig und bedeutsam ist, und ich werde mir bewusst, ob es etwas gibt, was ich gern zurücklassen möchte. Das kann ein Gedanke oder eine Haltung sein, an deren Stelle das getreten ist, was ich mitnehme.

Diesem Inne-halten und Er-innern, dieser Innen-schau folgt der Schritt des Aus-drucks und des Handelns.

In der Gruppenmitte stehen auf dem Boden weit auseinander gestellt zwei große irdene Schalen. In einer Schale liegen getrocknete Salbeiblätter, die entzündet werden und deren Rauch als feine Fahne aufsteigt.

Die andere Schale ist gefüllt mit farbigen edlen Steinen.

Der erste Gang führt mich zum Salbei, dem ich in einer deutlichen Geste und mit Worten das abgebe, was ich hierlassen möchte. Der Salbei mit seiner reinigenden Eigenschaft nimmt es mir ab, das Feuerelement verzehrt und verwandelt es.

Mein zweiter Gang führt mich zu den Steinen, von welchen ich mir denjenigen aussuche, der mich an„spricht“. Ihm vertraue ich das an, was ich mitnehmen möchte, und er wird mich im Alltag daran erinnern.

Mineralsteine besitzen als Edel- oder Halbedelsteine durch ihre besondere Kristallstruktur die Fähigkeit, Schwingungen aufzunehmen (Ch. Welter). So gewinne ich mit dem Stein einen kleinen Resonanzkörper, dessen Schwingung – wann immer ich danach verlange – mich ein-schwingt oder ein-stimmt auf das, was ich mit ihm verbinde.

Jeder Teilnehmer der Gruppe (be)geht in diesem Ritual auch symbolisch zwei Wege, die die Trauer uns auferlegt: Das Los**lassen** und das Be**wahren**.

Wenn wir den Schmerz des Verlustes zu-lassen und den Verstorbenen in das Jenseits entlassen, haben wir ihn für das Diesseits bewahrt, wo er für uns in der Form weiterlebt, die unseren Überzeugungen und unserer Sicht der Welt entspricht, unserer **Wahrheit**.

Sand

Sandbilder begegnen uns in der Tradition des tibetischen Buddhismus wie auch bei der nordamerikanischen Navajo-Stammesgemeinschaft.

Sand lässt sich gestalten: Wir können ihn im feuchten Zustand formen und Spuren in ihn hineinschreiben oder -zeichnen. Der Sand selbst ist hinterlassene Spur der Natur, die ihn mit ihren Kräften aus Stein und Fels formte.

Tibetische Mönche gestalten ein Mandala aus farbigem Sand in einem Ritual, das sich über viele Stunden erstreckt.

Nach einer überlieferten Vorlage wird die Kosmologie der Tibeter in diesem Mandala-Sandbild wiedergegeben. Dieser Gestaltungsprozess ist sehr anstrengend. Äußerste Konzentration, völlige Hingabe an das Tun und sorgfältigste Ausführung sind Voraussetzungen, damit die komplizierten Formen mit dem Sand gelingen.

Wer so ein Mandala schon einmal im Original bewundern konnte, ist in der Regel zutiefst beeindruckt von seiner Schönheit und Ausdruckskraft.

Doch der ebenso wichtige, wenn nicht gar der wichtigste Teil des Rituals folgt nach der Gestaltung des Bildes: Es wird einfach zerstört, der Sand in ein Gefäß gegeben und zum Fluss gebracht. Dort übergeben die Mönche den Sand dem Fluss in der sicheren Gewissheit, dass alles in dieser Welt vergänglich ist. Aus der kosmischen Perspektive betrachtet bleibt nichts so wie es ist; alles ist in Bewegung, alle Formen verändern sich, und nur unsere Wahrnehmung des Raum-Zeit-lichen lässt uns eine gewisse Konstanz der Formen erfahren.

Das Ritual des Sand-Mandalas hilft den Mönchen, ihr Bewusstsein dieser kosmischen Perspektive zu öffnen.

Für die Navajos sind die Sandbilder die Bewahrer ihres kulturellen Erbes. Mit ihnen werden ihre Mythen über die Geheimnisse und Gesetzmäßigkeiten des Lebens weiter-„erzählt“, und sie werden in Heilungsritualen verwendet. Sandbilder haben auch in unsere abendländische Kultur Eingang gefunden als Medium in der psychotherapeutischen Arbeit. Im Sandspiel werden die innerseelischen Dramen in Szene gesetzt und therapeutisch bearbeitet.

Die hier skizzierte Vielfalt der dem Sand innewohnenden Eigenschaften inspirierte uns, den Sand auch in die Ritualarbeit in der Trauerbegleitung aufzunehmen. Wenn wir bedenken, dass Sand an so unterschiedlichen Orten wie der Wüste und dem Meer vorkommt, so unterstreicht das noch seine ihm innewohnenden Möglichkeiten.

Wir wählten die Wüste als Sinnbild für die Gefühle der Leere, Trostlosigkeit, scheinbaren Leblosigkeit und für das Unerträgliche in der Trauer.

Sich dieser Wüste zu stellen, sie sein lassen zu dürfen und sie mit anderen zu teilen, war unser Anliegen. Wenn wir dem nachgeben, geschieht etwas, über das Antoine de Saint-Exupéry einmal sagte: „*Man setzt sich auf eine Sanddüne. Man sieht nichts. Man hört nichts. Und währenddessen strahlt etwas in der Stille...*“

Ein trauernder Vater beschrieb seine Erfahrung mit der Wüste in unserem Trauerseminar mit den Worten: „*Wir konnten erkennen, dass sie keineswegs leer und tot ist, sondern wir uns in ihr sogar heimisch fühlen lernen. Wir konnten weinen und seufzen, aber auch Oasen erleben, in denen Ihr dagewesen seid und uns Hilfestellung gegeben habt für das Spüren und Nachspüren unse-*

rer Gefühle und Bedürfnisse aber auch das Wahrnehmen der Gefühle der anderen." „*Was [..] ganz deutlich spürbar ist, dass wir jedenfalls für Augenblicke oder zeitweise wieder den Mut haben zum Horizont zu blicken und wieder Zukunftsgedanken anstellen – trotz all der Trauer und des Schmerzes.*"

In diesem Seminar luden wir die Trauernden ein, in einem Ritual ein Sandbild ihrer Trauer zu gestalten.

Mit einer Körperarbeit bereiteten wir sie in diesem Ritual vor.

Sich im Raum zu bewegen, sich des eigenen Körpers im Raum gewahr zu werden, war der erste Schritt einer Reise zum Innersten der Seele.

In der Wahrnehmung meines Körpers und meiner Haltung nehme ich „für wahr", was ich mit mir trage und in mir halte.

Eine trauernde Mutter schrieb dazu: „*Dass rhythmisches Gehen und tiefes Atmen so viel in einem Menschen bewegen (!) kann, so viel an gestauten Gefühlen und gestautem Schmerz herauslassen kann, hätte ich nie gedacht. Ich habe es richtig gespürt, wie in jedem Schritt ein winziges ‚Stückchen' Schmerz herauskam und meine Tränen sich selbständig machten.*"

Nach dem Zugang zu den Gefühlen, Empfindungen und Gedanken luden wir die Teilnehmer zu einem zweiten Schritt ein, in die Natur hinauszugehen und sich von ihren Schöpfungen an-„sprechen“ zu lassen, in ihnen Ent-sprech-ungen für das Erlebte und Erfahrene zu entdecken. Sie brachten Blätter, Halme, Früchte, Zweige und anderes von ihrem Rundgang mit.

Dann formten sie ihr Sandbild. Zunächst wurde ein einfacher Rahmen gebaut, indem die Kanten eines Zeichenkartons etwa 3 cm breit umgeknickt und die vier Ecken festgetackert wurden. In diesen Rahmen füllten die Trauernden Sand und gestalteten ihre Bilder. Es wurden Spuren in den Sand gemalt, Erhebungen und Vertiefungen entstanden, Wege, Kreuzungen, Spiralen, und auch das aus der Natur Mitgebrachte fand seinen Platz darin. Einzigartige Bilder waren zu betrachten, die jedes für sich das zum Ausdruck brachten, was die Trauernden in sich trugen. In dem anschließenden Austausch über das Erlebte und das Gestaltete konnten alle daran teilhaben und sich auch über das Gespräch verbinden.

Schmetterlinge in Kinderzeichnungen...

Die Botschaft des Schmetterlings

Die Worte des sechsjährigen Lars zu Beginn des Buches weisen uns auf eine kindliche Fähigkeit hin, die Philosophen der Neuzeit wie G. B. Matthews in Erstaunen versetzt, die aber von aufmerksamen Eltern seit jeher bewundert wird: Schon recht kleine Kinder sind in der Lage, tiefe Wahrheiten in einer bestechenden Einfachheit auszusprechen oder wie im Folgenden in Bildern auszudrücken.

...Symbole für Verstorbene

In Kinderzeichnungen begegnen wir häufig dem Schmetterling als Symbol für Verstorbene. So finden wir ihn in dem Bild eines trauernden Geschwisterkindes, das in der Schule ein Motiv aus dem Märchen „Der Froschkönig“ malen sollte. Auch bei der fünfjährigen M., die ihre Mutter verlor, entdecken wir einen Schmetterling über einer Prinzessin, die das Mädchen selbst darstellt.

Das griechische Wort für Schmetterling lautet „Psyche“ (n. F. Doucet), und der Schmetterling gilt vielen Kulturen als Symboltier für die Unsterblichkeit der Seele (J. C. Cooper).

Mit der Verpuppung zieht sich die Raupe in eine Dunkelheit zurück und gibt sich ihrer Verwandlung hin, die an einem Zeitpunkt sogar die vollständige Auflösung ihrer Form verlangt. Indem die Raupe sich ihrem Schicksal hingibt, geschieht Verwandlung: Erst durch die Bereitschaft, in ihrem Kokon vorübergehend ihre bisherige Form vollständig aufzugeben, ihre Auflösung anzunehmen, ist die Transformation zum Schmetterling möglich.

Diese Metamorphose erinnert an die Worte des kleinen Lars, und sie weist uns auf unsere Erfahrung als Trauernde hin: Loslassen und Bewahren – Abschied nehmen und Erinnern.

Manche Trauernde berichten von besonderen Erlebnissen mit Schmetterlingen, die sich kurz nach dem Tod des geliebten Menschen auffallend häufig in der Nähe des Trauernden aufhalten, gerade so, als würden sie seine Nähe regelrecht suchen.

Mag die Ratio darin einen bloßen Zufall erkennen, so liegt es doch an uns, dem, was uns zufällt, eine eigene Bedeutung zu geben.

Einen geliebten Menschen an den Tod zu verlieren, ist ein unermesslicher Verlust.

In Trauer sein um diesen Verlust erfasst unser gesamtes Da-**sein**.

So wie nichts mehr ist wie es war, verwandelt der Tod nicht nur denjenigen, der stirbt, sondern auch den, der zurückbleibt und ...

„...wir werden eines Tages wissen,
dass der Tod uns nie das rauben kann,
was unsere Seele gewonnen hat,
denn ihr Gewinn ist eins mit ihr selbst.“
(Rabindranath Tagore)

Nachwort

Rituale sind Gefährte und Gefährten in einem: Sie tragen unser Inneres nach außen, überwinden den Weg der Vereinzelung und führen hin zur Gemeinschaft. Als Begleiter stehen sie uns Menschen auf unseren Lebenswegen zur Verfügung, von denen der Trauerweg – wie wir gezeigt haben – einer der schwierigsten ist. Sie sind ein kostbares Kulturgut, das wir schätzen und bewahren sollten.

Dieses Buch mag seinen Beitrag dazu leisten.

Es gibt aber auch einen Einblick in unsere Arbeit mit trauernden Familien, wie wir sie mit unseren Teamkollegen in Bad Segeberg seit vielen Jahren gestalten.

Ihnen gilt ein besonderer Dank, denn ohne die tiefe Verbundenheit des Teams und ohne die Intuition und Tatkraft, die Musikalität und den schöpferischen Reichtum der Teamer wäre diese Arbeit nicht möglich: *Margit Bassler, Monika Böddeling, Harriet Kämper, Kurt von Krosigk, Astrid Kuhlmann, Anne-Kathrin Matouschek, Birgit Pfahl, Jutta Rust-Kensa, Marie-Thérèse Schins, Katinka Schweizer, Wolfgang Teichert, Ria van Heesch, Wilfried Weber.*

Der Versuch des Menschen, dem Tod zu trotzen, ist ein wichtiger Motor der kulturellen Entwicklung der Menschheit. Den Tod aber einfach aus dem Leben auszugrenzen, ist ein fataler Fehler in unserer Gesellschaft, auf den Ken Wilber uns hinweist und dem entgegen zu treten wir als den umfassenderen Zusammenhang und tieferen Sinn unserer Arbeit verstehen: „*Wir trennen Leben und Tod – eine unangemessene Unterscheidung, die zu der widersprüchlichen Regel führt, dass wir weiterleben müssen, dass wir mit Zähnen und Klauen kämpfen müssen, um den Tod niederzuringen.*

Da aber Leben und Tod in Wahrheit eins sind, würde ein Gewinnen in diesem Spiel den Verlust des Lebens bedeuten: Unser Erfolg wird unsere Niederlage. Das ist wie mit einer Tür – sie dient als Ausgang und als Eingang; blockieren wir den Ausgang, so ist auch der Eingang blockiert.“ (Ken Wilber)

Leben und Tod als Eingang und Ausgang einer Tür zu begreifen, sichert den Verstorbenen ihren Platz in unserem Leben.

Wir müssen unsere Ahnen dann nicht mehr auf die Ahnentafeln verbannen, sondern wissen sie mitten unter uns an der Tafel des Lebens.

Das Institut für Trauerarbeit (ITA) bietet Beratung und Begleitung für Trauernde an. Dies geschieht parteiunabhängig und überkonfessionell. Aufgaben des Instituts für Trauerarbeit sind:

- Trauernden und Menschen, die mit diesen persönlich oder beruflich zu tun haben, Hilfestellung und Entlastung, Unterstützung und fachliche Anleitung zur Begleitung zu vermitteln. Dies geschieht durch Einzelgespräche, Gruppen und Seminarangebote.
- Begleitern in Trauerprozessen qualifizierte Beratung und Fortbildungsangebote zu ermöglichen und die seit zehn Jahren etablierte Trauerbegleiterausbildung anzubieten.
- Themen wie Leiden und Sterben, Tod und Leben, Verlust und Trauer in der Gesellschaft bewusst zu machen und zu bearbeiten.
- Wissenschaftliche Erkenntnisse zu sammeln und Forschungsergebnisse umzusetzen sowie fachliche Standards in der Trauerarbeit fortzuentwickeln unter Einbeziehung von Erhebungen aus der Praxis.
- Für Kooperationsveranstaltungen mit sozialen Einrichtungen, unterschiedlichen Institutionen, Verbänden und Berufsgruppen zur Verfügung zu stehen, sowie Fachberatung auf Anfrage anzubieten.
- Gruppenangebote:
  Partner- / Partnerinverlust
  Väter- / Männertrauer
  Verlust der Eltern
  Sprechstunde / Erstkontakt für trauernde Menschen, ihre Begleiter und berufliche Helfer

Kontakt und Informationen:
Institut für Trauerarbeit (ITA)
Evangelische Akademie Nordelbien
Esplanade 15, 20354 Hamburg
Tel 040-355056-33
Fax 040-355056-51
ita@akademie-nordelbien.de
www.akadamie-nordelbien.de

Der Verein Verwaiste Eltern Hamburg bietet Beratung, Begleitung und Kontakt für trauernde Mütter, Väter und Geschwister an. Er arbeitet überkonfessionell.
Angebote des Vereins sind:

- Überregionale Trauerseminare in der Evangelischen Akademie Bad Segeberg in Kooperation mit dem Institut für Trauerarbeit (ITA).

- 12 Gruppen für Mütter, Väter und Geschwister, in denen die Teilnehmer von Psychologen und Trauerbegleitern beraten und in ihrem individuellen Trauerprozess unterstützt werden. Gleichzeitig können die Gruppenteilnehmer die Erfahrung einer tragfähigen Gemeinschaft machen, die Ermutigung für das Alltagsleben gibt.
- Eine umfangreiche Bibliothek mit über 250 Büchern zum Thema Trauer.
- Eigene Publikationen, die bundesweit angefordert werden:
  Jahreshefte (150–300 Seiten) mit unterschiedlichen Schwerpunkten (Geschwistertrauer, Trauer und Behinderung, Tod am Anfang des Lebens, Der Verlust des einzigen Kindes, Suizid), Broschüren (Männer und Trauer, Über das Anschauen eines toten Kindes, kommentierte Literaturbroschüren), Bücher (Als Frank sterben mußte – Tod durch Verkehrsunfall, Warum gerade mein Bruder – Geschwistertrauer), Rundbriefe mit unterschiedlichen Schwerpunkten (Frühtod, Männertrauer, Der erste Urlaub, Geschwistertrauer, Verkehrsunfall)

Kontakt und Informationen:
Verwaiste Eltern Hamburg e.V.
Evangelische Akademie
Nordelbien
Esplanade 15, 20354 Hamburg
Tel 040-355056-43/-44
Fax 040-35718767
info@verwaiste-eltern.de
www.verwaiste-eltern.de

Um den Lesefluss nicht zu stören, haben wir an Textstellen, an denen sowohl die männliche wie auch die weibliche Wortform vorkommen sollte, nur die männliche angeführt; es sind aber nachdrücklich beide Formen gemeint. Texte und Formulierungen im fortlaufenden Text, die nicht von den Autoren sind, wurden zur Unterscheidung kursiv gesetzt.
Ausdrücklich danken wir Sebastian Joos, der belastbar, flexibel und virtuos die Textverarbeitung für dieses Buch erstellt hat. Ebenso geht unser Dank an die vielen Menschen, die uns in all den Jahren tatkräftig und ideenreich unterstützt haben und die in diesem Buch nicht namentlich erwähnt sind.

Literatur

Blum, M., Seidel U., „Das kleine Buch der Liebe“
tvd- Verlag, Düsseldorf, 1999

Campbell, J. zitiert in: Grof, St., „Kosmos und Psyche“
Krüger Verlag, Frankfurt a. M., 1997

Cooper, J. C., „Illustriertes Lexikon der traditionellen Symbole“
Drei Lilien Verlag, Leipzig, 1986

Doucet, F., „Das große Buch der Traumdeutung“
Gondrom Verlag, Bindlach, 1992

Gimbutas, M., „Die Sprache der Göttin. Das verschüttete Symbolsystem der westlichen Zivilisation“
Zweitausendundeins Verlag, Frankfurt a. M., 1995

Hüsch, H. D., Dialog mit der Jugend, aus: ders.: „Das Schwere leicht gesagt“, Seite 144 f., 1997
tvd-Verlag, Düsseldorf, 1991

Jung, C. G., „Archetypus und Unbewusstes“
Walter Verlag, Olten, 1984

Jung, C. G., „Der Mensch und seine Symbole“
Walter Verlag, Olten, 1981

Kast, V., „Trauern“
Kreuz Verlag, Stuttgart, 1987

Kühner, A., „Hoffen wir das Beste“
Aussaat Verlag, Neukirchen-Vluyn

Mackensen, L., „Ursprung der Wörter“
Ullstein Verlag, Frankfurt a. M., 1988

Matthews, G. B., „Denkproben – Philosophische Ideen jüngerer Kinder“
E. G. Freese Verlag, 1991

Naegli, Antje S., „Du bist nicht allein“
Herder Verlag, Freiburg, 2001

Saint-Exupéry, A. de „Der Kleine Prinz“
Karl Rauch Verlag, Düsseldorf, 1952

Salzbrenner, R. „Auf einem Regenbogen“
Eigenverlag

Snunit, M., Golomb, N. „Der Seelenvogel“
Carlsen Verlag, Hamburg, 1991

Weber, R., „Wissenschaftler und Weise“
Aquamarin Verlag, Grafing, 1987

Welter, Ch., „Ursprung und Geheimnisse der Edelsteine“
Aquamarin Verlag, Grafing, 1989

Wiese, A., „Um Kinder trauern. Eltern und Geschwister begegnen dem Tod“
Gütersloher Verlaghaus, Gütersloh, 2001

Wilber, K., „Eros, Kosmos, Logos"
Krüger Verlag, Frankfurt a. M., 1996

Wilber, K., „Das Spektrum des Bewusstseins. Eine Synthese östlicher und westlicher Psychologie"
rororo Sachbuch, Hamburg, 2000

Wilber, K., „Das Wahre, Schöne, Gute. Geist und Kultur im 3. Jahrtausend"
Krüger Verlag, Frankfurt a. M., 1999

Bildnachweis

Titelbild: aus: Die blaue Rose. Man sieht nur mit dem Herzen gut. Ein Märchen mit Mandala-Bildern von Ingritt Neuhaus, © Verlag am Eschbach, Eschbach, Markgräflerland, 2. Auflage 1996
Margit Bassler, Kusterdingen: S. 78, 95
Carlsen Verlag GmbH, Hamburg: S. 46 (aus: Michal Snunit: Der Seelenvogel. Mit Bildern von Na'ama Golomb)
Marc Chagall, L'échelle de Jacob. © VG Bild-Kunst, Bonn 2002: S. 43
Fritz Mackensen, Die trauernde Familie. © VG Bild-Kunst, Bonn 2002: S. 83
NASA: S. 55
Archiv Christa Pauls, Dassendorf: S. 134, 135
Birgit Pfahl, Düsseldorf: S. 50, 115, 122
Marie-Thérèse Schins, Hamburg: S. 86, 87
Elisabeth Volke, Oldenburg: S. 12, 23
Anja Wiese, Tangstedt: S. 26, 35, 39, 62, 63

Bibliographische Information der Deutschen Bibliothek

Die Deutsche Bibliothek verzeichnet diese Publikation in der Deutschen Nationalbibliographie; detaillierte bibliographische Daten sind im Internet über <http://dnb.ddb.de> abrufbar.

ISBN 3-8319-0110-4

Text: Christa Pauls, Dassendorf; Uwe Sanneck, Schenefeld; Anja Wiese, Tangstedt
Gestaltung: Büro Brückner + Partner, Bremen
Lithographie: Offset Repro im Centrum, Hamburg
Druck: Tutte Druckerei GmbH, Salzweg bei Passau
Bindung: Buchbinderei S. R. Büge GmbH, Celle